SOUS LA VERRIERE

CI-DESSUS : *la serre du manoir d'Harlaxton (Lincolnshire, G.-B.).*

Jane Tresidder, Stafford Cliff

SOUS LA VERRIERE

Vérandas, Jardins d'hiver, Serres

Traduction de Janick Bourhis

Flammarion

Pour Jack Tresidder
et Susan Collier

Illustrations des têtes de chapitre : Alan Austin.
Illustrations des pages 138-139 et 144-145 : Julie Carpenter.
Photographies de Ken Kirkwood et Antoine Bootz pour les photos prises spécialement pour cet ouvrage (voir également Crédit photographique, p. 165).

Titre de l'ouvrage original :
Living under Glass
publié par Clarkson N. Potter, Inc.,
225 Park Avenue South, New York, New York
10003, U.S.A.

ISBN : 2.08.201902.0
Numéro d'édition : 15400
Composition SCCM (Paris)
Imprimé au Japon

À DROITE : avant d'être restaurée, la serre victorienne de Maperton House (maison anglaise du XVIIIe siècle) n'avait plus que ses murs de pierre surmontés d'une pauvre armature de fer forgé complètement rouillée. Ayant retrouvé sa beauté, elle fait office de salon d'été animé par un bassin où évoluent paresseusement quelques carpes gloutonnes.

SOMMAIRE

INTRODUCTION

Les serres d'agrément qui fleurissent en Angleterre au XIXe siècle comptent parmi les plus charmantes réalisations nées dans le sillage de la Révolution industrielle. Par un heureux concours de circonstances, les techniques du verre et de l'acier se développent parallèlement au goût de plus en plus prononcé du public pour les plantes exotiques. Il devient ainsi possible à tout un chacun d'entretenir et de mettre en valeur ses dernières acquisitions botaniques dans des structures de verre accolées à la maison. De là à ce que plantes et humains partagent ces maisons de verre, il n'y avait qu'un pas qui fut rapidement franchi. Cette idée, romantique à souhait, répondait au non moins romantique culte de la nature né en France au XVIIIe siècle et repris par les milieux aisés de l'Europe entière avec, parfois, un enthousiasme passionné. Le phénomène ne se limite certes pas à l'Angleterre, cependant c'est là que naît la mode des jardins d'hiver, et l'architecture anglaise est sans conteste la plus innovatrice dans ce domaine. La partie historique de cet ouvrage reflète d'ailleurs cette prédominance, dont les photographies sont pour une grande part consacrées aux charmes de la serre victorienne, des plus vastes constructions de verre indépendantes aux verrières plus modestes prolongeant le salon d'une maison bourgeoise.

Dès le début, semble-t-il, l'idée de serre d'agrément a inspiré architectes et concepteurs de manière assez homogène. Il s'agissait de capter la lumière, d'obtenir des effets spectaculaires grâce à des arrangements de plantes et de

CI-DESSUS : la serre, endroit idéal pour sacrifier au rituel du thé par un après-midi tranquille à la Belle Époque.

fleurs, de susciter l'émerveillement, de créer des espaces de détente : objectifs assez éloignés de ceux, plus fonctionnels, qui présidaient traditionnellement à l'aménagement des autres parties de la maison. En effet, il était question là surtout de plaisir et de loisir. La forme des constructions en porte donc la marque : gracieuses et ornementales, elles ont aussi une pureté de lignes due aux matériaux utilisés, essentiellement du verre avec une ossature de fer ou de bois.

Ces caractéristiques n'ont rien perdu de leur actualité et représentent d'ailleurs aujourd'hui le seul point commun entre les deux conceptions en vigueur. L'une reprend à la lettre la tradition de la fin du XIXe siècle : arches, formes curvilignes et décoration exubérante. Cette tendance est tout naturellement née en Angleterre, où, après une éclipse d'un demi-siècle, la serre revient à la mode à partir de 1960 : les années d'austérité consécutives à la guerre prennent fin et l'on peut songer à nouveau au plaisir de ménager des espaces réservés aux plantes. La nostalgie a été un ferment puissant de ce renouveau. Rien ne va mieux au style victorien (meubles, décors, tableaux et tissus) qu'une serre meublée de fauteuils en osier et décorée de jardinières en céramique et de palmiers. Il existe aujourd'hui une industrie très florissante produisant de ces répliques de serres victoriennes, souvent modulaires, et conçues pour s'adapter aux petites maisons urbaines comme aux grandes propriétés campagnardes.

La seconde tendance doit plus aux États-Unis et à l'Europe, à l'Allemagne fédérale en particulier. Elle s'inspire des réalisations en verre de l'architecture moderne afin de créer de simples extensions vitrées et de spectaculaires bâtiments — voire des maisons tout en verre — capables de rivaliser par leur aspect magique, novateur et spectaculaire avec n'importe quelle œuvre de la fin du siècle dernier.

La serre actuelle est beaucoup plus un espace de vie qu'un lieu d'exposition de plantes. Les technologies modernes ont permis d'y faire régner un juste équilibre de température et de ventilation, qui ouvre de multiples possibilités d'utilisation. Ce qui n'a pas changé et qui apparaît sur la centaine de photographies réunies dans ce livre, c'est la magie et la beauté des espaces animés par des plantes et des flots de lumière.

LA SERRE ET SON HISTOIRE

L'utilisation du verre en architecture est certes relativement récente, mais l'idée de protéger les plantes contre le froid ne date pas d'hier. En effet, ayant pris goût aux légumes et fruits exotiques des contrées chaudes de leur empire, les romains, au Ier siècle après Jésus-Christ, cultivaient déjà des cornichons et des melons dans des caisses qu'ils mettaient à l'abri du froid nocturne dans des caves. Ainsi que le rapporte le célèbre naturaliste Pline l'Ancien, l'empereur Tibère avait le plaisir de déguster les concombres venus dans les forceries de ses jardins. Il cite également l'emploi, en fines feuilles, d'une roche transparente, *lapis specularis,* semblable à la sélénite ou au mica, pour couvrir les plates-bandes enfoncées dans des tranchées. Celles-ci étaient chauffées par du fumier en fermentation ou des feux de fumier sec ou de bois. Au Moyen Âge, le savoir-faire des Romains se perd irrémédiablement en Europe. Les murs et les cloîtres restent les seules protections des plantations qui résistent tant bien que mal; Le XVIe siècle enfin, avec l'apparition des premiers jardins botaniques, commence à étudier les moyens de protéger les plantes et à construire à cet effet des bâtiments particuliers. Le premier de ces jardins expérimentaux est aménagé à Pise en 1543 et fait rapidement école en Italie d'abord, puis dans toute l'Europe.

Des arbres fruitiers délicats, comme les bigaradiers, sont cultivés dans des abris conçus de telle sorte qu'on y peut doser la lumière et l'aération. Les plantes sont placées au chaud dans de modestes enclos de bois ou de maçonnerie, appelés abris d'hivernage et chauffés par des petits foyers, des braseros, parfois même par des bougies. La première description d'une serre, ou plutôt d'un « poêle » (étymologiquement parlant une « pièce chauffée») figure dans le rapport rédigé par l'agronome Olivier de Serres à propos d'un remarquable abri en bois construit à la fin du XVIe siècle à Heidelberg pour le compte de l'Électeur de Pfalz.

À GAUCHE : au début du XVIIIe siècle, une « galerie d'hivernage » dans les Jardins botaniques de l'université de Leiden en Hollande.

La ventilation en est assurée par de grands volets que l'on ouvre ou ferme facilement. Au XVIIe siècle, la simple construction à volets destinée à abriter les orangers amers est en passe d'être remplacée par des bâtiments fermés, en bois, en brique ou en pierre et éclairés au midi par de hautes fenêtres à petits carreaux : les orangeries. Les premières, de conception très simple, apparaissent aux Pays-Bas. Plus tard, leur architecture gagne en complexité, parallèlement à l'engouement qu'elles suscitent dans les autres pays. Les Français y contribuent par l'apport des fenêtres en plein cintre, les Allemands par une infinité de formes baroques.

Les orangeries s'ouvrent en général au sud par des fenêtres et sont chauffées par des poêles en fer, où brûle de la tourbe, ou en faïence, alimentés au bois. Certains modèles, plus élaborés, sont chauffés par convection : les feuilles délicates en souffrent moins. Après la restauration de la monarchie en Grande-Bretagne en 1660, les orangeries prennent le nom de serres, peut-être parce que l'on y « tient enfermée » une diversité croissante de plantes. Les citronniers, les myrtes et autres « verdures exotiques » ont en effet rejoint les orangers. Au XVIIIe siècle et au début du XIXe, la vigne et l'ananas sont à la mode, à tel point que des serres particulières sont dédiées à leur culture. Cela n'est pas sans rappeler la priorité donnée à l'origine par les Romains à la culture des végétaux comestibles avant celle des plantes purement décoratives. Dès la fin du XVIIe siècle, cependant, se profile une tendance qui deviendra l'un des emplois majeurs de la serre à son apogée au XIXe siècle. En effet, l'orangerie n'est plus exclusivement réservée à la culture des plantes fragiles mais devient peu à peu une pièce de réception.

Ainsi que le rapporte T. Langford, écrivain anglais de la fin du XVIIe siècle : « Les serres d'horticulture sont depuis quelque temps dessinées de manière à embellir les jardins... et il en est de même pour les serres exotiques. Aussi, lorsque l'été arrive et que les collections ont été réparties dans le parc, est-il tout à fait possible de transformer la serre en salon. »

C'est le cas notamment de l'orangerie de Hampton Court, construite en 1704 pour la reine Anne par Sir Christopher Wren et Sir John Vanbrugh. Le romancier Daniel Defoe écrit à l'époque que la reine « affectionne de transformer la serre, qui est très belle, en maison d'été où l'on peut souper ».

Il revient aux Hollandais et aux Anglais à part égale d'avoir innové en matière de chauffage. On place ainsi des poêles en sous-sol qui, alimentés à l'écorce ou au fumier, distribuent la chaleur dans les serres grâce à des réseaux de tuyaux des plus ingénieux. John Evelyn, chroniqueur féru d'horticulture, très impressionné par l'habileté du pépiniériste du Jardin botanique de Chelsea, parle alors de « chaleur souterraine produite par un fourneau tout en brique placé sous la serre, ce qui lui permet de garder fenêtres et portes ouvertes par les plus grandes gelées, en veillant seulement à retirer la neige ».

Au début du XVIIIe siècle, le Dr Hermann Boerhaave, un chercheur hollandais, met au point l'utilisation du verre en pans inclinés afin d'accroître l'ensoleillement des orangeries. Ces recherches conduisent à la construction, vers 1730, de serres adossées expérimentales dans les Jardins botaniques de Leiden. Elles sont de plusieurs types, le verre pouvant être limité à la toiture ou couvrir également les parois latérales.

Du point de vue architectural, c'est sans conteste au XIXe siècle que la serre connaît son heure de gloire. Les progrès de l'industrie conjugués à l'amour pour le jardinage favorisent la naissance d'un véritable engouement pour les plantes exotiques cultivées sous verre. Cette mode ne reste pas l'apanage des grandes fortunes, mais touche bel et bien nombre de familles appartenant à bourgeoisie. La révolution industrielle, et les richesses qui naissent dans son sillage, modifient profondément le paysage social. Ces nouveaux riches font construire des villas, dont la serre représente le symbole de leur nouveau statut dans l'échelle sociale.

Les progrès des industries du verre et du fer multiplient également les possibilités de l'architecture. Ainsi de nouvelles méthodes de fabrication du verre ont été mises au point permettant de produire des feuilles de verre d'une longueur maximale de 1,80 m, trois fois plus qu'auparavant ! De même, la fonte permet de réaliser des ossatures plus souples et moins lourdes favorisant la construction de voûtes et de dômes toujours plus élégants.

Les systèmes de chauffage s'améliorent également : les poêles d'autrefois sont remplacés par des chaudières placées à l'extérieur de la serre et qui y maintiennent la température souhaitée par circulation d'eau chaude dans des tuyaux. Une meilleure répartition du chauffage, la maîtrise de la température et l'absence de fumées toxiques dans la serre ont pour résultat d'augmenter le nombre d'espèces exotiques cultivées.

Chauffage et ensoleillement étant assurés de manière plus satisfaisante, rien ne s'oppose plus à la culture d'arbres tropicaux, subtropicaux et de palmiers. En outre, le mariage de la clarté du verre et de la solidité du fer, stimulant l'imagination des architectes, engendre des folies aux formes charmantes et capricieuses rivalisant d'extravagance.

La nature, domestiquée dans une serre, est susceptible de produire une rupture totale avec la formalité d'un salon, dont les portes peuvent aussi bien s'ouvrir sur un simple jardin aux fleurs estivales, sur un havre ponctué par des fontaines et des statues classiques que sur une fantastique forêt vierge.

La serre est le siège d'un délicat équilibre entre la température et la

À DROITE (HAUT) : les pergolas ont précédé les orangeries et les serres. Sur cette gravure du début du XVIIe siècle exécutée par l'Allemand Paul Furst, des personnages bien nés dînent à l'abri du soleil sous les cintres d'une pergola.

À DROITE (BAS) : gravure de la fin du XVIIe siècle montrant le parc du duc d'Arenberg près de Bruxelles. Vue de l'orangerie en été avec les citronniers en pots disposés à l'extérieur.

ventilation, la lumière et l'ombre. Trop de chaleur et les plantes se dessèchent et meurent ; trop de ventilation rend impossible le maintien de la température souhaitée ; trop de lumière fait brûler les plantes sous la chaleur de l'été ; trop d'ombre les fait brunir et s'étioler.

Le maintien de ce fragile équilibre tient de la prouesse. C'est la piètre qualité du verre, due à la présence de nombreux plis et soufflures, qui est responsable d'un grand nombre des problèmes qui se posaient au XVIIIe siècle. En Angleterre, où beaucoup de progrès techniques ont déjà vu le jour, le verre est taxé au poids mais vendu en fonction de sa dimension. Les verriers fabriquent donc un verre le plus mince possible, utilisable de ce fait uniquement en petits carreaux peu pratiques. Les petites vitres à recouvrement et l'armature très dense nécessaire à leur soutien obscurcissaient donc l'intérieur de la serre. Les imperfections du verre et les lignes de chevauchement des carreaux non seulement arrêtaient les rayons lumineux, mais provoquaient d'autres désagréments. C'est là que s'accumulaient divers débris, que l'eau s'infiltrait, favorisant la croissance de mousses microscopiques et l'hiver, en gelant, faisait éclater le verre.

Les progrès techniques du XIXe siècle vont résoudre les problèmes rencontrés par les premiers constructeurs de serres. En 1833, l'introduction en Grande-Bretagne d'un verre de bonne qualité, laminé entre des rouleaux, représente un progrès considérable (c'est en France, dans les verreries de Lorraine, que ce procédé a été mis au point quelques années auparavant). L'abolition de l'impôt sur le verre en 1845 favorise en outre la production de vitrage de grandes dimensions. Mais ces progrès ont leur revers. En effet, derrière les grands pans

À GAUCHE (HAUT ET BAS) : le Crystal Palace a été le premier édifice de ce genre dont la structure ait comporté une grande part d'éléments préfabriqués. Il est le symbole de l'alliance du progrès technologique et de l'art dans la Grande-Bretagne de Victoria. Ces deux photographies sont postérieures à l'Exposition universelle de 1851 et ont été prises sur le nouveau site du Palais, à Sydenham au sud de Londres.

À DROITE : la Serre aux Palmiers de Kew est le but de promenade dominicale préféré des Londoniens au temps de Victoria.

de verre, les plantes ont encore plus tendance à se dessécher. Dans un premier temps, on chercha à y remédier par l'emploi du verre coloré. La première à bénéficier de ce traitement sera la Serre aux Palmiers des Jardins de Kew (cf. page 11). L'expérience échouera dans la mesure où l'on constatera que les plantes vivent mieux, finalement, sous les verrières transparentes auxquelles on est revenu entre-temps. Mais ces premières expériences ont cependant le mérite d'entraîner la suppression de l'emploi de l'oxyde de manganèse pour la fabrication du verre. Sous l'action du rayonnement solaire, ce corps chimique décolorait progressivement le verre, lui donnant une teinte rosé, qui accentuait encore la brûlure des végétaux. Si les plantes grillaient, c'était aussi à cause de l'inégalité de la surface du verre produit à la fin du XIXe siècle. Les plis ou les différences d'épaisseur intervenant en cours de fabrication formaient des « yeux » qui, telles des lentilles, concentraient les ondes lumineuses destructrices sur les plantes sans défense. Cet inconvénient mène finalement à la production de feuilles de verre roulées à plat dont la surface striée non seulement atténue la lumière solaire, mais autorise, par temps chaud, de moins ombrager les verrières.

Avant la révolution industrielle, le fer est exclusivement forgé. Il n'est pas fondu au-delà du stade de pâte modelable par le marteau. À partir de 1780, on commence à produire de la fonte que l'on coule dans des moules. Elle résiste bien à la pression mais est plus sensible à la traction latérale que le fer forgé, aussi chaque matériau sera-t-il utilisé pour ses qualités intrinsèques. La fonte pour les supports : piliers, colonnes et petites pièces de consolidation (semelles et équerres), le fer forgé pour les montants et les barres de vitrage en concurrence avec le bois beaucoup moins malléable.

Le bâtiment de l'Exposition universelle de 1851, le fameux Crystal Palace, acclamé à l'époque comme le pionnier de l'alliance du fer et du verre, contenait moins d'éléments en fer qu'on a coutume de le penser. Les colonnes et les poutrelles en étaient effectivement, mais le toit, les planchers supérieurs et les arches du transept étaient en bois, de même que l'habillage extérieur à l'exception de quelques éléments décoratifs en fer. Il n'en reste pas moins que ce remarquable édifice a largement contribué à la reconnaissance de la structure en fer en architecture. Le dessin du Crystal Palace naît à la suite d'un appel d'offres lancé par la Couronne pour « la construction du plus grand bâtiment du monde ». Charles Dickens, dans sa chronique « Household Words », commente ainsi l'événement : « À Londres, deux parties, soutenues par le savoir-faire et la loyauté de quelques maîtres de forge, d'ouvriers verriers de province et d'un maître charpentier londonien, se sont engagées à construire, dans les limites d'une certaine enveloppe financière et dans un délai de quatre mois, un bâtiment de plus de 500 mètres de long sur une superficie de 7 hectares environ. »

Le montant du budget prévu s'élève à 79 000 livres, soit environ 750 000 francs, et les deux parties en présence se nomment Charles Fox, ingénieur chez Fox et Henderson, et Robert Lucas Chance, verrier à Birmingham. Le maître charpentier est un dénommé Birch des Scieries Phoenix et le projet, brillant et original, a été conçu en moins de trois semaines par Sir Joseph Paxton. L'une des plus belles caractéristiques du bâtiment, le transept en plein cintre, doit son existence au tollé général soulevé par la perspective de l'abattage d'une rangée d'ormes traversant le milieu du site.

Les membres de la Société (devenue « royale » par la suite) d'horticulture se sont toujours intéressés de près aux progrès touchant au monde de la botanique. La serre du haut de la page ci-contre a été commandée par un de ces passsionnés, Joseph Sabine, à John Claudius Loudon. Ce dernier l'a vraisemblablement couverte d'une toiture « à sillons », afin de faire profiter la serre de tous les rayons solaires qui, se trouvant brisés par les angles du vitrage, se projettent en faisceaux à l'intérieur. Les serres conçues par Loudon se particularisent également par le solide mur d'appui abritant le système de chauffage et retenant la chaleur.

Quant à l'architecte George Tod, passionné par les serres, il oriente plus particulièrement ses recherches vers des ouvrages contenant des bassins. La découverte, en 1837, d'un nénuphar géant en Guyane britannique par Sir Robert Schomburgk en est la cause. Quelques graines plantées à Kew en 1846 ont du mal à s'acclimater. Paxton, qui s'en est procuré un plant, a la primeur de voir s'ouvrir une fleur digne de ce nom dans sa serre chaude de Chatsworth. En hommage à la reine, à qui elle est présentée en grand triomphe quelques mois plus tard, la plante est baptisée Victoria-Regia. Un enfant, qui n'en demandait pas tant, est placé sur une des feuilles du nénuphar, afin de montrer aux parents ébahis la taille et la résistance de cette plante étonnante.

À DROITE (HAUT) : plan ne manquant pas d'inspiration de John Claudius Loudon. Cette serre chaude lui a été commandée en 1818 par Joseph Sabine, membre de la Société d'horticulture. Selon toute vraisemblance, Loudon l'a doté d'un toit « à sillons » afin de faire profiter la serre de tous les rayons solaires. La conception loudonienne se distingue également par le mur d'appui qui retient la chaleur et abrite le système de chauffage souterrain.

À DROITE (BAS) : les plans de serre ont très peu évolué depuis la fin du XIXe siècle où cette vue en coupe a été introduite dans le catalogue de Messenger et Cie.

CONCRETE
CONCRETE
573.

LES GRANDS INNOVATEURS

NATHANIEL BAGSHAW WARD
1791-1868

Fils de médecin, Nathaniel Ward passe son enfance à collectionner les plantes et les insectes, et ce violon d'Ingres lui restera toute sa vie. Bien que, suivant les traces de son père, il soit devenu médecin lui-même, il continue de poursuivre des études et des expériences de botanique. Les fougères surtout le passionnent et il tente, en vain, d'en faire venir dans son jardin. L'air de Londres est trop pollué ! Au cours de l'été 1829, il place un peu de terreau dans une jarre à large col fermée par un couvercle en verre. Il constate alors que l'humidité dégagée par l'humus monte sur les parois de la jarre et se condense sous le couvercle avant de retomber. Ainsi, le niveau hygrométrique à l'intérieur de la jarre est-il constant. Au bout d'une semaine, des plantules apparaissent lui apportant la solution tant cherchée : un conteneur permettant de protéger des

plantes exotiques placées dans un environnement hostile et assurant également la chaleur, l'humidité et l'air nécessaires à leur croissance. Mais Ward n'est en fait pas le premier à avoir fait cette découverte. Un Écossais répondant au nom d'Alan Maconochie a inventé, en 1825 déjà, une serre miniature en bois couverte de verre. Il est assez modeste pour n'en rien dire lorsque Ward clame son succès. En 1833, Ward met son invention à l'épreuve. Ayant planté des fougères et des plantes dans deux châssis bâtis selon le principe énoncé plus haut, il les envoie par bateau à Sydney, en Australie, ce qui, à l'époque, représente un voyage de plusieurs mois. Les plantes arrivent intactes à bon port et prennent le chemin du retour l'année suivante. Elles ont fait la totalité du voyage sans une goutte d'eau d'arrosage et ne montrent pourtant aucun signe de dégénérescence. Le châssis Ward, comme on le nomme alors, satisfait les collectionneurs désireux de faire voyager leurs plantes exotiques dans les meilleures conditions. Vers 1840, devenu objet à la mode, il sert de présentoir pour plantes exotiques et fougères. Certains collectionneurs aisés vont jusqu'à engager les services d'ébénistes, de doreurs et d'émailleurs afin d'en faire des objets d'une esthétique extraordinaire.

JOHN CLAUDIUS LOUDON
1783-1843

La vie de Loudon est un modèle de travail acharné, de détermination et son influence en horticulture est à la mesure de son extraordinaire énergie créatrice.

Né dans une famille de fermiers écossais, il s'intéresse tout jeune au jardinage. À la fin de sa scolarité, il entre en apprentissage chez un pépiniériste, qui est également jardinier-paysagiste. Bien que travaillant à plein temps, il continue d'étudier divers domaines, notamment la linguistique. La fabrication des serres est l'un de ses centres d'intérêt favoris. Il rêve « de sentiers capricieux, de fontaines, de gazon et de bassins dessinés de telle sorte qu'on les distingue d'un vrai jardin uniquement par l'enveloppe de verre placée entre la cime des arbres et le ciel... ».

En 1816, le rêve devient réalité : il crée une structure en forme de dôme dont l'armature est constituée de fines barres en fer forgé supportant des vitres chevauchantes de petite taille. Conscient de l'intérêt commercial de sa réalisation, il s'associe avec l'entreprise de construction W. & D. Bailey, afin de produire des serres pour le grand public.

Pour ses éventuels clients, Loudon fabrique et expose des prototypes dans son jardin de Londres. Le modèle de démonstration, destiné à montrer les multiples possibilités de son procédé, est constitué de treize modèles de barres, de

sept formes de vitre, de parties en tôle ondulée et d'autres en papier ayant subi un traitement spécial. Loudon est parvenu à « faire en sorte que les serres anglaises se dressent en leur beauté, au lieu de se contenter d'être de simples abris adossés ».

Malheureusement, Loudon tire peu de bénéfice financier de son association avec les Bailey. En 1818, il leur cède ses droits d'invention, afin de pouvoir accorder plus de temps à ses autres activités. Cela explique que sa contribution remarquable au développement de la serre soit parfois passée sous silence par les historiens.

DECIMUS BURTON
1800-1881

De tous les architectes de son siècle, c'est lui qui montre le plus d'intérêt pour les applications techniques du verre et du fer dans le bâtiment.

Après quelques années dans le ca-

binet de son père, constructeur londonien, Burton s'installe à son compte en 1821 et se spécialise dans les grands plans d'urbanisme. Outre la célèbre Serre aux Palmiers de Kew (Surrey), sa plus grande réalisation en la matière reste le Jardin d'hiver (1846) de Regent's Park (Londres) construit en collaboration avec l'ingénieur dublinois Richard Turner. Commandée par la Société royale de botanique, cette serre est un véritable jardin avec un sol en terre, recouvert d'une couche de gravier puis d'une couche brillante de coquillages blancs réduits en poudre. D'une élégance déliée, le bâtiment couvre une surface de 1 800 mètres carrés et échappe au formalisme de l'époque. Les plantes s'y développent en massifs « naturels », des pots de fleurs parfumées et des spécimens rares sont exposés sur des petites tables en fer. Les toits curvilignes semblent flotter au-dessus des colonnes en fonte creuse, collectant les eaux pluviales vers des citernes souterraines. La lumière joue à travers des vitrages rouges et bleus en de chatoyants motifs accentuant le côté enchanteur de cet écrin de fleurs où des fêtes splendides sont régulièrement données.

SIR JOSEPH PAXTON
1803-1865

Septième fils d'un fermier anglais, Joseph Paxton entre dans la vie active en qualité d'apprenti jardinier. Mais il est bientôt remarqué par le duc de Devonshire qui le nomme, en 1826, jardinier en chef des jardins de sa splendide propriété de Chatsworth. Le duc ne s'est pas trompé. Paxton met toute son énergie dans sa nouvelle fonction et sous sa main les jardins se transforment. Conscient de la valeur de Paxton, le duc l'invite progressivement à l'assister dans la marche de ses affaires et l'emmène en voyage à l'étranger. Les voyages entretiennent le goût de Paxton pour les plantes exotiques. Il devient un grand collectionneur allant jusqu'à engager des chasseurs de plantes en quête de spécimens rares. Sa réputation de botaniste averti et de propagateur se double d'une réelle habileté pour l'architecture. Il conçoit une kyrielle d'ouvrages en verre, en bois et en fer rivalisant d'ingéniosité, dont le plus célèbre est la grande serre de Chatsworth (Derbyshire, G.-B.), véri-

table paysage tropical sous un toit de verre. Toutes ces réalisations confirment la maîtrise de Paxton en matière de construction en verre et le conduisent tout naturellement au magnifique projet du Crystal Palace.

Bien qu'ayant lui-même des idées novatrices en matière technique, Paxton n'hésite pas à adopter des styles élaborés par d'autres, par Loudon notamment. L'un des apports principaux de Paxton à l'architecture concerne la consécration de l'emploi d'éléments préfabriqués pouvant s'adapter à des constructions de tailles diverses (cf. Crystal Palace page 11).

Paxton est le type même du self-made-man victorien. Il doit à ses seules qualités d'être devenu homme de finance, jardinier-paysagiste, urbaniste, architecte et homme politique. Ses ouvrages en verre, en particulier le Crystal Palace, ont donné un élan irrésistible à la construction des serres.

RICHARD TURNER
1798-1881

Turner est un ferronnier qui ne manque pas d'idées originales. En 1836, il débute aux Forges Hammersmith à Dublin dont le nom est lié à la réalisation de bon nombre de grandes serres de l'époque. L'une de ses premières commandes concerne la construction des deux ailes de la Serre aux Palmiers de Belfast. Cette serre, conçue par Charles Lanyon, a été commencée en juin 1839, avant Kew ou Glasnevin, mais n'a été achevée qu'en 1886. À cette époque, elle mesure 110 mètres de long, 30,50 mètres de large au pavillon central, au-dessus duquel culmine la lanterne à quelque 20 mètres de hauteur.

Turner coopère également, avec Decimus Burton, à la Serre aux Palmiers de Kew. Il est chargé des éléments décoratifs et préfabriqués et de l'ingénierie (cf. la Serre aux Palmiers, page 11). Il aurait certainement apprécié la description suivante : « C'est l'une des plus belles serres du monde. Sa ligne gracieuse et admirablement proportionnée offre au regard tout le plaisir que peut donner une structure en verre et en fer. »

Il participe aussi, toujours en collaboration avec Burton, au Jardin d'hiver de Regent's Park. On dit que c'est lui qui suggéra de n'utiliser que du verre et du fer quand Burton envisageait de bâtir une partie de l'armature en bois. En Irlande, il s'occupe de la serre de Killikee à Dublin, de la serre de forçage des vignes de Phoenix Park (Dublin), du dôme central et de la seconde aile de la serre curviligne des Jardins botaniques nationaux (Glasnevin), qui seront achevés en 1850.

Cette même année, il soumet le projet qu'il a conçu avec son frère Thomas, architecte, pour le bâtiment de l'Exposition universelle à Londres. C'est un projet fantastique pour un bâtiment de plus de 600 m de long sur plus de 1 200 m de large s'inspirant en partie du dessin du toit de la gare de Lime Street (Liverpool). Cela eût donné un édifice curieux, à mi-chemin entre gare et cathédrale, couronné d'une serre à palmiers. Le projet, jugé trop onéreux, n'a cependant pas été retenu et Londres a perdu là l'occasion de se doter d'un extraordinaire monument.

QUELQUES SERRES EXCEPTIONNELLES

LA SERRE SYON HOUSE, MIDDLESEX (1820-1827)

Au début du XIXᵉ siècle, le duc de Northumberland charge un jeune architecte, Charles Fowler (1791-1867) de dessiner le plan d'une serre pour sa propriété de Syon, en face de Kew.

Botaniste convaincu, le duc souhaite exposer ses trésors végétaux dans un bâtiment digne de leur valeur où ils pourront prospérer. La serre achevée mesure 85 m de long et se compose d'un corps central, surélevé par un dôme à l'italienne, flanqué de deux ailes courbes finissant chacune par un pavillon de verre. Le style architectural de Fowler s'est approprié des éléments propres aux orangeries baroques et aux serres de son siècle. Il a tenté de marier ses deux principaux objectifs, à savoir assurer un ensoleillement maximal de l'intérieur de la serre tout en respectant autant que faire se peut les formes traditionnelles de l'architecture en pierre. La présence du dôme vitré révèle l'influence de Loudon. Ce dôme présente d'ailleurs la particularité de reposer sur un toit à base rectangulaire formé de quatre dos-d'âne et d'un tambour de colonnes en fonte. Les piliers en fonte et les fermes ont été faits sur mesure, mais les barres en fer forgé étaient préfabriquées.

La forme semi-circulaire de la serre protège le jardin, ce qui en fait un lieu de promenade agréable en toute saison.

LA SERRE AUX PALMIERS JARDINS DE BICTON, DEVON (ENV. 1818-1838)

Cette serre est un exemple intéressant des toutes premières maisons en verre. Nul ne sait qui l'a conçue, construite ni même la date exacte de sa construction. Cependant, son style et l'inscription de son nom sur une carte datée de 1838 rendent probables les noms de W. & D. Bailey pour la construction et de Loudon pour la conception. La serre aux formes arrondies mesure 20,70 m de longueur pour une hauteur de 10 m en son point le plus haut. La partie centrale est élevée sur un plan rectangulaire et surmontée d'une voûte en verre fermée par un dôme semi-sphérique. Elle est adossée à un mur de pierre du côté nord, dont elle suit le dessin avec un léger décalage vers le bas. Deux colonnes en fonte seulement la soutiennent de l'intérieur, son équilibre général étant assuré par l'armature de barres en fer forgé. Vers le sommet du dôme, les carreaux de verre devant garder la même largeur, ce sont les barres, qui, une sur deux, fusionnent avec leur voisine. Le vitrage est facilité par l'utilisation de vitres plates de petites dimensions (les grandes auraient demandé à être cintrées). L'effet produit n'est pas loin de rappeler les étincelantes écailles d'un poisson.

La ventilation est assurée par des trappes pivotantes ménagées dans le mur d'appui et dans le faîte du toit.

SERRES DU MUSÉUM D'HISTOIRE NATURELLE JARDIN DES PLANTES, PARIS (1833)

Dans le premier quart du XIXᵉ siècle, la mode est aux cultures sous abri des plantes exotiques rapportées des quatre coins du globe. En 1833, Charles Rohault de Fleury, ancien élève de Polytechnique, part en voyage de reconnaissance sur ce sujet en Angleterre avec de Mirbel, professeur au Muséum, membre de l'Institut. À Paris, un ministre éclairé, Adolphe Thiers, souhaite que le Muséum se dote d'un grand établissement vitré. Les crédits sont débloqués et l'on voit naître le premier ouvrage qui marie une grande carcasse de fer à des surfaces vitrées, deux matériaux encore peu utilisés ensemble. Le vitrage représente alors une véritable folie mais la verrerie française a une avance technologique suffisante pour qu'on installe des vitres de 30 × 20 cm alors que les Anglais aux mêmes dates n'osent que des carreaux de 20 × 10 cm.

Les bombardements de la guerre de 1870 mais surtout le manque de crédits d'entretien conduiront à la décrépitude des bâtiments et à la ruine des collections. En 1882, on confie un projet d'extension à l'architecte André qui reprend une forme voisine de celle de Rohault. L'inauguration n'a lieu que sept ans plus tard en 1889.

Sous leurs nefs se développent aujourd'hui toutes sortes de végétaux tropicaux et de plantes grasses.

**LA SERRE AUX PALMIERS
KEW, SURREY (1844-1848)**

La Serre aux Palmiers, qui trône dans les jardins royaux de Kew, créés par le prince Frédéric, père de George III, est certainement la plus gracieuse et la plus imposante des serres du monde. L'armature en fonte et en fer forgé repose sur un soubassement en pierre de 90 cm de haut. La nef s'étend sur 110 m en longueur, le transept sur 30 m en largeur et 20 m en hauteur et les ailes sur 15 m en largeur. S'il est certain qu'elle a été construite par les Fonderies Hammersmith de Richard Turner, il est plus difficile de savoir qui est exactement l'auteur des plans. Turner et Decimus Burton se sont en effet longtemps affrontés, chacun proposant ses projets et critiquant férocement et en public ceux de son rival. Finalement, Turner accepte de proposer un devis de construction sur un plan dessiné par Burton. Mais, une fois la commande en poche, il modifie le plan, remplaçant l'armature de Burton par une charpente de fer forgé trois fois plus légère et par conséquent plus perméable à la lumière solaire. Sans insister sur l'esprit machiavélique de Turner (Burton avait déjà commandé des matériaux !), il faut reconnaître le résultat extraordinaire de sa maîtrise technologique. Le château d'eau en forme de campanile italien, situé à proximité de la serre, ne manque pas non plus d'originalité. En son sommet, culminant à quelque 33 m du sol, se trouve un réservoir d'eau fournissant la pression nécessaire à l'arrosage, par le haut !, des plus grands palmiers. Le pavillon central, haut de 20 m, abrite ces palmiers que l'on peut admirer d'une galerie accessible par deux escaliers en spirale.

**LE CRYSTAL PALACE
LONDRES (1850-1851)**

Au milieu du XIXe siècle, le commerce et l'industrie anglais sont en plein essort, tirant les classes moyennes vers le haut de la pyramide sociale. Le prince Albert décide qu'il est temps de faire connaître au monde la prospérité du Royaume. Son projet, une Exposition universelle sous un seul toit, présente le double intérêt de mettre en avant la supériorité industrielle et commerciale britannique tout en réaffirmant une volonté de paix universelle et de fraternité.

Cette entreprise ponctuelle impose la nomination d'une commission royale et la formation d'un Comité à la construction chargé de recevoir et d'évaluer les plans et les soumissions. À la date de clôture des soumissions, aucun projet n'a été jugé digne d'être accepté et le Comité décide de dessiner ses propres plans. Ils s'avèrent, hélas, si mauvais, que l'on recourt à Joseph Paxton pour un dernier essai. Après moult altercations (le redoutable Richard Turner participe aussi au tournoi !), le projet de Paxton est accepté et le 26 septembre 1850, on dresse la première colonne du Crystal Palace. Les quantités de matériaux utilisés coupent le souffle : 83 613 mètres carrés de verre, 372 fermes de charpente, 38 616 m de gouttières, 329 845 m de barres de vitrage et 16 990 mètres cubes de bois. L'intérieur de la nef et du transept est découpé en compartiments carrés de 8 m sur 8 environ. Laissons, pour finir, parler le poète anglais Thackeray : « Un palais extraordinaire, tel que jamais, depuis la naissance de l'humanité, l'homme n'en vit, tout debout et tout de verre habillé ! »

**SERRE DU FLEURISTE MUNICIPAL
DE L'AVENUE DE LA PORTE D'AUTEUIL
PARIS (1898)**

Le jardin fleuriste de Paris, situé avant 1898 à la Muette, occupe actuellement une partie de l'ancien jardin botanique que Louis XV avait fondé, en 1761, sur des dépendances de son château du Coq. L'installation d'une immense serre, construite en 1898 par Schwartz et Meurer sur les plans de Jean-Camille Formigé permit de faire face à la demande de plantes sans cesse accrue de la ville de Paris.

En plus des serres de culture disposées à droite et à gauche de la grande serre, l'œil est attiré par le majestueux palmarium central dont le dôme dépasse 15 m de haut alors que le reste des vitrages monte à 7,75 m et s'étale sur 99 m de long et 12 m de large. Cette serre monumentale cache les bâtiments d'exploitation situés derrière.

Cette serre fut conçue pour obtenir une surface aussi lumineuse et transparente que possible, on en a donc éliminé les soutiens intermédiaires ce qui permet également la libre circulation des jardiniers et le développement sans contrainte de très gros sujets. Elle est divisée en serre froide pour les collections de plantes variées et en serre chaude avec bassin où croissent tous les ans les Victoria Regia aux feuilles en immenses plateaux nervurés. Grâce à un système de chauffage original, c'est de la vapeur et non de l'eau chaude, qui circule le long des 18 km de tuyaux, dispensant une chaleur uniforme.

MONDES FANTASTIQUES

Au début du XIXe siècle, les serres constituent une innovation encore récente et abritent essentiellement des variétés végétales de climat tempéré. L'objectif est d'en assurer la croissance à l'abri, en leur fournissant la chaleur nécessaire, puis, une fois arrivées à maturité, de les transplanter dans des jardins.

Au milieu du siècle, la mode des plantes tropicales se propage : c'est le temps des grandes passiflores, des bougainvillées, des aristoloches aux fleurs étranges, des jasmins au doux parfum et des poincianas colorés. Les clérodendrons fleurissent aux couleurs de l'arc-en-ciel, les formes bizarres des orchidées sont des merveilles d'exotisme et les fleurs blanches du datura exhalent, le soir, des senteurs enivrantes qui s'éteignent le jour au profit de la délicate fragrance des corolles blanches et roses du frangipanier. Les plantes grimpantes, à l'instar du *Monstera deliciosa*, partent à l'assaut des grands piliers métalliques.

Au début, si l'on pense à faire jouer les multiples couleurs des fleurs, on se penche peu en revanche sur la forme des arrangements floraux. Ainsi les plantes

À GAUCHE : le dôme de la serre de Syon House, dessinée par Charles Fowler, repose sur les arcs et les piédroits d'un support en dos-d'âne et sur un tambour soutenu par douze colonnes en fonte, peintes imitation pierre. Une profusion de palmiers couvre le sol tandis que des vignes festonnent l'ossature.

À DROITE (HAUT) : cette photo montre une réplique, à échelle réduite, du limpide bassin de la Grande Serre qui s'élevait autrefois à Chatsworth. Des briques délimitent aujourd'hui ce charmant plan d'eau couvert de nénuphars dans la nouvelle serre aux dimensions plus modestes.

À DROITE (CENTRE) : la passion pour les fougères qui anime le XIXe siècle a inspiré des envolées fort lyriques. Ainsi, la botaniste Shirley Hibberd affirme-t-elle que les fougères « préservent la fraîcheur de l'esprit et la vigueur du cœur, car elles sont le souffle du monde végétal qui adoucit les lieux de repos ponctuant le chemin de la vie ».

À DROITE (BAS) : magnificence variant au rythme des saisons : ces arbustes florifères grandissent en pots, entrent dans la serre au faîte de leur splendeur et en sont impitoyablement bannis dès que celle-ci est passée.

sont-elles simplement mises en bacs ou en pots et disposées symétriquement, par genre, à la grande satisfaction des botanistes mais aux dépens du plaisir des esthètes. John Dillwyn Llewellyn, botaniste et photographe, saura échapper à cette règle, lui qui, en 1843 au Pays de Galles, plante en un « savant désordre » une véritable forêt tropicale sous un toit de verre. Les orchidées y occupent une place de choix dans un cadre fouillé de petites cascades, de rapides et de bassins au milieu des touffes de fougères et des lycopodes.

L'intérêt pour les plantes de climat tempéré se réaffirme au cours de la seconde moitié du XIXe siècle et trouve sa consécration dans la construction de la serre tempérée dans les jardins de Kew en 1860. Parallèlement, les fougères connaissent une vogue grandissante, à tel point que des serres leur sont exclusivement consacrées, qui prendront le nom de fougeraies artificielles. Le château Impney (Hereford, G.-B.) en offre un bel exemple où les statues disparaissent à demi parmi un savant fouillis de fougères du plus spectaculaire effet.

Afin d'en faciliter la culture, les fougères sont en général plantées dans des pots soigneusement camouflés par des rochers. Cette tendance, bouleversant les conventions, fait évoluer l'arrangement intérieur de la serre. Les allées rectilignes laissent la place aux petits sentiers serpentant entre les rocailles comme s'ils avaient été tracés au hasard. Grâce aux fougeraies, la serre a ainsi quitté la botanique pour l'esthétique encouragée en cela, ultérieurement, par bien d'autres passions végétales.

Comme celle qui se déclare à partir de 1860 pour les plantes subtropicales aux grandes feuilles panachées et irrégulières. La serre se remplit alors de toutes les espèces de *Caladium* aux grandes feuilles en forme de cœur, de *Dracaena* incandescents, de crotons multicolores et de philodendrons, arrangés en plates-

Les dessins de ces deux pages et des deux pages suivantes sont de E.W. Godwin et Maurice B. Adams. Ils ont été extraits de « Artistic Conservatories », catalogue publié en 1880 par Messenger et Cie, un des plus célèbres constructeurs de serres d'Angleterre.

Bvilt
1879

9'-6"
AGE
CONSERVATORY
STAGE
19'-0"
PLAN

bandes suggérant une forêt impénétrable. On introduit également des espèces tropicales dans les fougeraies, notamment de splendides fougères arborescentes.

Un écrivain anglais, Robert Kerr rapporte dans son livre intitulé « The Gentleman's House », publié en 1875, comment l'on conçoit la serre à son époque : « L'objectif à atteindre est l'arrangement, dans un but esthétique plus que de conservation, d'une collection de plantes rares. Préservées l'hiver grâce à un chauffage artificiel, elles seront ponctuées de sculptures, de rocailles, de coquillages, d'une ou deux fontaines... des plantes grimpantes et retombantes à profusion enlaceront les colonnes. »

C'est également l'avis d'Edward William Godwin (1833-1886), un des architectes de l'ère victorienne adepte du « Queen Ann Revival » (Renaissance du style Queen Anne), style issu du mouvement anglais des Arts and Crafts et agrémenté de japonaiseries. Selon Godwin en effet : « On s'est peu soucié, jusqu'à présent, de serres esthétiques, mais le vent tourne... L'art semble vouloir se libérer des quatre murs de la maison pour étendre son influence et son charme sur le jardin également. Il est incroyable que les serres, ces écrins où nous exposons les plus belles œuvres d'art, celles de la nature, soient si longtemps restées à l'écart de toute recherche artistique et par là si indignes des joyaux qu'elles contiennent. Ces plans ont été conçus avec la volonté de contribuer à réparer cet outrage qui a, trop longtemps, été le lot des fleurs. »

À la fin des années 1880, les plantes de zones tempérées connaissent un regain d'intérêt. Les rhododendrons, les azalées, les camélias, les bégonias, les chrysanthèmes et autres plantes herbacées vivaces gagnent la faveur du public. Les primevères et de nombreuses espèces alpines envahissent les rocailles.

Bien que certaines serres conservent un aspect paysager, une autre tendance apparaît, en particulier au cours du règne d'Édouard VII. On supprime les chemins et les allées, les plantes sont mises

À DROITE : ces photos extraites de l'admirable catalogue de Messenger et Cie montrent un style plus dépouillé, plus contenu. Ces quatre modèles ont été adjoints à des maisons de campagne entre 1890 et 1900.

PLAN
15'-0"
18'-0"

DINING ROOM
BORDER
CONSERVATORY
10'0"
IRON STAGE
22'.0."
PLAN
544

20'0"
STAGE
CONSER VATORY
STAGE
AN

STAGE
22'-0"
15'-0"
STAGE
PLAN

en pots et disposées sur des étagères le long des parois : cela libère l'espace où l'on installe des meubles de jardin. Il arrive que des palmiers en pots forment un îlot décoratif au centre de la pièce, mettant les meubles en valeur. L'entretien plus facile et les frais de chauffage réduits fondent la popularité de ce genre de serre destinée essentiellement à la détente dans un cadre rehaussé par des plantes ornementales. Cette conception s'est d'ailleurs perpétuée jusqu'à nos jours.

Sur ces trois photos, on entrevoit un peu de la magie créée par les fougères et une multitude de plantes, produisant un effet des plus exotiques dans de merveilleuses serres anciennes.

DÉCLIN ET CHUTE

William Robinson, botaniste et écrivain anglais, se prononce le premier pour un retour à la nature dans un livre intitulé « English Flower Garden » publié en 1883. Il y prône avec fougue l'abandon de la serre, ce raffinement d'artifice, au profit de la culture des simples, des plantes vivaces et relativement peu chères dans des jardins à l'ancienne. L'influence d'une de ses concitoyennes, Gertrude Jekyll, artiste et horticultrice remarquable, n'est pas moindre et renforce le goût général pour un style plus sobre. À la fin du siècle, ses idées et celles de Robinson sont reprises avec une popularité croissante par ceux qui voient la nécessité d'un changement social en Angleterre, de la destruction des différences de classes symbolisées par la richesse et ses signes extérieurs les plus visibles : jardins à la française et serres élaborées et « futiles ». Les idées de Robinson correspondent à ce point au sentiment de l'époque que son livre est réédité huit fois et réimprimé six fois. Certains spécialistes attribuent directement le déclin de la serre aux critiques corrosives exprimées dans son essai, telles que : « Il est absurde de faire croître l'alternanthera dans de coûteuses serres chaudes et de se désintéresser des fleurs qui, ainsi que le muguet, supportent très bien le froid », ou encore : « Pour ceux qui pensent à la beauté de nos jardins et de nos paysages, déterminer l'emplacement d'une serre est une affaire sérieuse et c'est ainsi que les endroits les plus beaux de la campagne se trouvent un beau jour défigurés. » Robinson est pour les jardins naturels, les lisières multicolores d'herbacées vivaces, les rocailles et, d'une manière générale, pour une approche informelle de la disposition. Par ailleurs, le critique John Ruskin, champion de la nature et contempteur de la société industrielle, décourage les ingénieurs et architectes de développer librement et logiquement les techniques mises en œuvre par Paxton et ses prédécesseurs.

Il se propage dans les années 1880 une hostilité romantique à la machine et le sentiment que l'industrialisation symbolise le manque d'âme de la vie moderne. Les changements considérables qui affectent la société au début du XXe siècle ne sont pas non plus favorables au maintien de la serre. Les couches privilégiées sont obligées, pour pouvoir conserver leur aisance, de participer plus activement aux affaires dont elles tirent leurs revenus et perdent en conséquence beaucoup de leur temps libre. À la même époque, l'émancipation des femmes détourne progressivement ces dernières d'activités aussi charmantes que l'entretien quotidien des fleurs.

Les deux guerres mondiales précipitent encore la chute de la serre. Les besoins vitaux en ressources alimentaires nationales encouragent la culture de légumes comme les choux et les pommes de terre plutôt que celle des fruits exotiques et des plantes ornementales. Sans chaleur et sans soin, nombre de collections végétales se perdent à jamais et les serres sont considérées comme parfaitement superflues. Les plantes et les arbres les plus rares, rassemblés et soignés avec tant de précautions, finissent leur carrière sur le tas de compost ou dans les feux de jardin.

Le glas sonne pour la Serre, avec un grand S, lorsque, en 1920, tombe la Serre chaude de Chatsworth. Non chauffée et négligée pendant toutes les noires années de la Première Guerre mondiale, elle a perdu beaucoup de ses plantes. Les coûts d'entretien devenant en outre de plus en plus lourds, le duc de Devonshire décide de la faire démolir. Il faudra cinq charges d'explosif pour que ce magnifique édifice, dans une lutte ultime, accepte de s'effondrer complètement. Ironie du sort, c'est le petit-fils de Paxton, Charles Markham, qui lui donnera le coup de grâce, en provoquant la dernière explosion.

Aujourd'hui, plus d'un demi-siècle après ce ravage, la serre renaît de ses cendres. À n'en pas douter, la nostalgie teintée de romantisme, qui transparaît dans l'art de vivre contemporain, de la mode à la littérature en passant par la gastronomie, y est pour quelque chose.

À GAUCHE : en 1880, lors d'une visite du prince de Galles, un effroyable incendie saccage les pièces principales de Gunton Park (Norfolk, G.-B.). La rumeur locale accuse les propriétaires de l'avoir allumé afin d'échapper aux dépenses de plus en plus élevées occasionnées par les visites royales. Quoi qu'il en soit, la superbe maison, construite en 1742, reste comme un coquillage vide et noir et deux serres, ayant échappé au feu, se délabrent lentement. Le temps a passé et on les rénove aujourd'hui seulement.

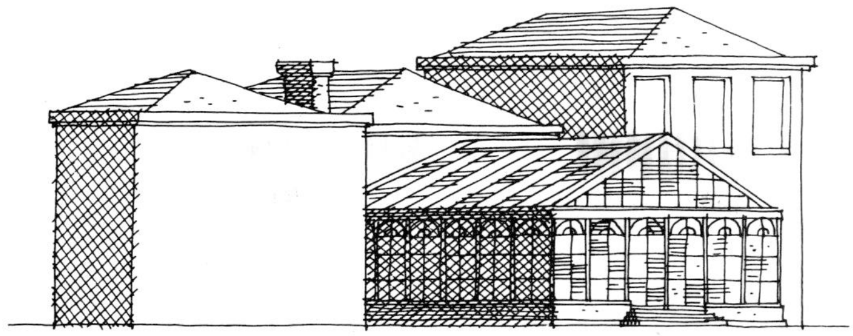

LES JARDINS D'HIVER TRADITIONNELS

À la source de toute tradition se cache le besoin de croire à la permanence des choses. Ainsi en est-il du goût pour les jardins d'hiver à l'ancienne. Ils signifient également, bien que ce ne soit pas leur fonction essentielle, que leurs propriétaires disposent à la fois de l'espace nécessaire à leur aménagement et du temps à consacrer à ces plaisirs simples et surannés : s'asseoir ou se promener au milieu des plantes, converser entre amis, prendre sans hâte un repas informel, vivre sans contrainte.

Tout aspect utilitaire est définitivement secondaire : les serres conçues dans la plus pure tradition sont œuvres de nostalgie. Tout, dans leur style, leur architecture et leur aménagement, reflète l'attrait pour le passé et le désir, profondément ancré, d'assurer la continuité des valeurs.

Les serres restaurées sont par nature romantiques. Elles sont ornées de volutes de fer forgé quelque peu défraîchies, de vitres anciennes et piquées, d'appliques décoratives et de répliques de lampes à gaz. Une peinture écaillée et quelques vieux pots de terre cuite en accentuent encore l'effet mélancolique.

Les copies conformes de serres anciennes souffrent quant à elles, tout au moins au début, de leur perfection : peintures trop fraîches et vitrages non ternis. Cependant, après un an ou deux d'intempéries et de plantations intenses, elles finissent par produire, elles aussi, cette impression de profusion teintée de nonchalance. Elles sont néanmoins protégées, grâce au double vitrage et au chauffage, contre les courants d'air et les fuites, autres caractéristiques, un peu moins agréables sans doute, des serres d'époque.

À GAUCHE : cette serre, et sa charpente arachnéenne de fer forgé, fut l'un des principaux centres d'attraction de l'exposition de Paris en 1925, véritable vitrine de l'Art Déco. Mise au rebut, elle a été rachetée récemment à un prix dérisoire puis remise en état à Münster (R.F.A.).

FOLIE DES GRANDEURS

« Génie absolument fou... prétention victorienne... » Le manoir de Harlaxton (Lincolnshire, G.-B.), a été en son temps diversement apprécié, et il est sans nul doute l'expression de la folie des grandeurs de celui qui le fit construire. Quoi qu'il en soit, l'université d'Evansville (Indiana, U.S.A.) qui en est propriétaire aujourd'hui s'accommode fort bien de cette noble et imposante demeure. L'instigateur de cette extravagance architecturale, un célibataire excentrique du XIXe siècle du nom de Gregory Gregory, n'était pas un homme particulièrement riche, au sens de l'époque, mais il investit tout son capital disponible dans ce qui fut appelé « son divertissement, au même titre que certains préfèrent la chasse, le tir ou la lutte ». La construction commença en 1832 sous la direction de M. Gregory et de son architecte. Ce dernier fut bientôt remplacé par un confrère lorsque ce patron à l'esprit versatile décida que le style néo-élisabéthain ferait à n'en pas douter bon ménage avec quelques touches de baroque grandiose. Gregory Gregory n'ayant aucun héritier direct et, plusieurs membres éloignés de sa famille s'étant succédé dans le rôle de châtelain de Harlaxton, le bail a finalement été cédé à l'université mentionnée plus haut. Le manoir sert aujourd'hui de résidence à quelque 160 étudiants suivant des cours à l'étranger.

HAUT DE PAGE : la voie d'accès au manoir de Harlaxton est gardée par une porte gothique à sa mesure.

À DROITE : avant toute chose, l'université d'Evansville entreprit la restauration de la magnifique serre : vitrage et ossature furent remplacés et de nombreuses plantes y prirent place, dons privés pour beaucoup mais provenant également des Jardins botaniques de Kew et du Citrus Institute of Florida Southern College.

À GAUCHE (HAUT) : cette serre à ogives préfabriquées, variation en pointe sur un dôme, s'appuie contre une maison de style colonial dans le Connecticut (U.S.A.).

À GAUCHE (CENTRE) : la serre à trois dômes de Dallam Tower, à Kendal (Lake District, G.-B.).

À GAUCHE (BAS) : avec son toit en pente douce, la serre de Blagdon House à Witley (Surrey, G.-B.) est entourée d'une balustrade en pierre peu élevée. Bâtie sur le modèle du Crystal Palace, elle a à peine trente ans. Élément plutôt original, la source naturelle, qui chante à l'intérieur.

À DROITE (HAUT) : dans le parc Norbury (G.-B.), une serre à la façade en pierre est surmontée d'une voûte vitrée à la douce courbure.

À DROITE (CENTRE) : à la jonction de deux orangeries se dresse une serre dont le dôme est orné d'une crête (château de Tourlaville, France).

À DROITE (BAS) : construite dans le style de Loudon en 1890, cette charmante structure en verre et en fer penchait dangereusement lorsque les actuels propriétaires en firent l'acquisition. Après avoir écarté des devis de réparation exorbitants, ils décidèrent de la redresser et de l'étayer à moindre coût. Elle est, après plusieurs années, stable et étanche et seules les attaches en plomb à l'ancienne (qui maintiennent le vitrage) sont à changer de temps à autre.

À GAUCHE (HAUT) : les arches et les coins relevés des montants ajoutent un petit air romantique à cette extension vitrée par ailleurs toute simple. Les montants laqués gris éclairent et allègent l'ossature qui contraste fortement avec le revêtement de tuiles rouges du pignon.

À GAUCHE (CENTRE) : dans cette charmante serre victorienne à deux façades, le jardinier a joint l'utile à l'agréable : forçage de tomates et plantation de jasmin.

À GAUCHE (BAS) : grâce à son faîtage très élaboré et ses carreaux décorés de rosaces, cette serre victorienne remarquable compte parmi les joyaux de ce manoir classé du nord du Pays de Galles.

À DROITE (HAUT) : adossée à une très vieille (400 ans !) maison du Norfolk (G.-B.) dont une grange a été aménagée, cette serre a été récemment entièrement remise en état. Les plantations n'en ont pas souffert : contre le « mur chaud », mitoyen avec la maison, un hêtre, deux vignes, des pêchers et des orangers croissent gaillardement en l'absence de tout chauffage supplémentaire. Bégonias, fuchsias et géraniums s'y sentent également à l'aise.

À DROITE (CENTRE) : serre sur mesure conçue par William Dunster. Le muret de brique la relie tout naturellement au mur de la maison 1950.

À DROITE (BAS) : à Broughton Hall près de Skipton (Yorkshire, G.-B.), s'élève, depuis le règne d'Élisabeth, la demeure de la famille Tempest entourée d'un magnifique jardin à l'italienne dessiné par William Andrews Nesfield, le célèbre architecte-paysagiste créateur de Regent's et Saint James's Parks à Londres. Il a également conçu le muret de soutènement et le parterre style Renaissance dont les petites haies de buis taillé forment le motif. La serre, ravissante, a été conçue par Andrews et Delaunay, architectes à Bradford.

À GAUCHE ET À DROITE (HAUT) : sous certains climats, si la lumière est bienvenue, on n'a nullement besoin d'un supplément de chaleur ! Aussi cette maison du midi de la France, non loin du littoral, est-elle pourvue d'étroits panneaux en verre soutenus par une ossature en bois très présente afin de capter un maximum de lumière tout en évitant l'effet de serre. La maison, vue de l'extérieur, donne effectivement une impression de fraîcheur très attirante.

À GAUCHE (CENTRE): bien que la Grande Serre élevée par Paxton à Chatsworth (G.-B.) ait été l'une des plus célèbres constructions de verre du monde, elle n'était que l'une des multiples serres et autres orangeries témoignant de la passion du duc de Devonshire pour l'horticulture. Ce « mur-serre », construit en 1848, est l'un des rares à être encore intacts. Deux massifs de camélias, plantés en 1850 par Joseph Paxton lui-même, fleurissent encore aujourd'hui.

À GAUCHE ET À DROITE (BAS): un réseau de fines barres en cèdre laqué blanc confère à cette véranda légèreté et charme. Cette maison en pur style Queen Ann, située près de Ashford (Kent, G.-B.), s'est vue dotée d'une serre, il y a trente-cinq ans environ, afin d'y abriter des camélias dans toutes les nuances de rose, dont un certain nombre croît encore aujourd'hui. Ils sont joliment mis en valeur par le pavement de tomettes rosé d'origine française. Les propriétaires de Stone Green Hall exploitent une partie de la maison en petit hôtel-restaurant de campagne, et, pendant la saison estivale, servent souvent les repas parmi les camélias pour le plus grand plaisir de leurs hôtes.

À DROITE (HAUT ET BAS) : la façade de cette ferme anglaise, surprenante par son asymétrie, donnait autrefois directement sur le jardin. La serre qui lui a été adjointe a été conçue par l'architecte David Garbutt de telle sorte que la pointe du toit corresponde exactement à la ligne de jonction des deux pignons. La base repose sur un muret en brique rappelant le style de la maison et le vitrage à ossature en bois cintré s'encastre dans le muret afin de capter un maximum de lumière. La ventilation est assurée par un système d'ouvrants ménagés dans le toit et régulés par thermostat et le chauffage par des radiateurs classiques, éventuellement secondés par des convecteurs électriques. Les panneaux en verre coloré multiplient les jeux de lumière.

À GAUCHE (HAUT ET BAS) : contrairement à beaucoup de serres victoriennes, celle-ci a été construite en même temps que la maison, en 1856. Elle présente la particularité d'avoir un mur en pierre volcanique légère, apte à conserver l'humidité nécessaire aux fougères et aux plantes de rocaille. Lorsque les propriétaires actuels en ont fait l'acquisition, elle était dans un état de délabrement avancé. Aujourd'hui, les plantes ont repris vie dans un espace vitré de neuf et animé par une cascade dont les eaux sont recueillies par un bassin à poissons rouges.

CI-DESSUS, EN HAUT ET EN BAS À GAUCHE : la construction de cette maison du nord de Londres remonte à 1852, mais la serre lui a été adjointe plus tard, vraisemblablement à la fin du siècle. Pratiquement tout l'aménagement intérieur est d'origine : le revêtement de sol en mosaïque, la volière en encoignure, les étagères placées à une hauteur commode... Il n'y a pas de chauffage et c'est une pièce très agréable en été, où l'on peut s'asseoir parmi les géraniums et les pélargoniums sous la vigne escaladant le toit.

*CI-DESSUS ET À DROITE : rares sont les maisons à Londres dont le jardin descende jusqu'aux bords de la Tamise : celle-ci ayant ce privilège, on comprend mal pourquoi les anciens propriétaires s'étaient privés d'une vue agréable en construisant une horrible remise devant la maison. Mais les nouveaux habitants ont rapidement réparé l'outrage en la remplaçant par une charmante petite serre pur style XIX*e *siècle, œuvre de Marston Langinger de Norfolk. En pin traité et laqué, elle tire toute son élégance de ses moulures décoratives, de ses minces profilés en pointe. Assez petite (elle mesure environ 3,70 m sur 2,40 m), elle recèle nombre de plantes exotiques, notamment une columnéa aux fleurs oranges, un jasmin parfumé, un laurier-rose, un hibiscus, un plumbago, une bougainvillée et des géraniums.*

L'OBSERVATOIRE DE GUSTAVE EIFFEL

Il y a plusieurs années, François et Martine Hacq, architectes parisiens, apprennaient que l'Académie des sciences avait l'intention de mettre en vente, au poids du métal, un dôme d'observatoire hors d'usage construit par Gustave Eiffel, l'ingénieur du XIXe siècle dont la Tour a définitivement marqué Paris. Ils font alors immédiatement une offre et se retrouvent bientôt propriétaires d'une coupole de 4,60 m de haut environ, reposant sur quatre pieds métalliques. La chance leur sourit une seconde fois quand ils trouvent un terrain constructible dans la commune de Meudon avec une vue imprenable sur la Tour Eiffel. Il ne reste plus alors qu'à remporter le défi consistant à intégrer cet élément rare d'architecture scientifique du XIXe siècle à une maison contemporaine. C'est bientôt chose faite : le dôme vient coiffer la maison qui s'encastre entre ses piliers. Sous la coupole se trouve la cuisine-salle à manger qui donne sur une terrasse permettant d'apprécier le panorama. Les Hacq ont remis le dôme dans son état d'origine, jusqu'au système hydraulique (il flotte sur une cuvette d'eau qu'il faut remplir manuellement de temps en temps). Ils reconnaissent volontiers que la raison n'intervient pas ici : ce dôme n'a rien de pratique et il est impossible à chauffer !

À GAUCHE (HAUT) : cette vue de l'entrée principale montre le dôme chapeautant la maison.

À GAUCHE (CENTRE) : du haut du dôme de Gustave Eiffel, on découvre une vue magnifique sur la tour du même nom s'élevant dans le lointain.

À GAUCHE (BAS) : l'arrière de la maison est plus classique.

À DROITE : vue extérieure de cette maison unique bâtie sur une idée romantique.

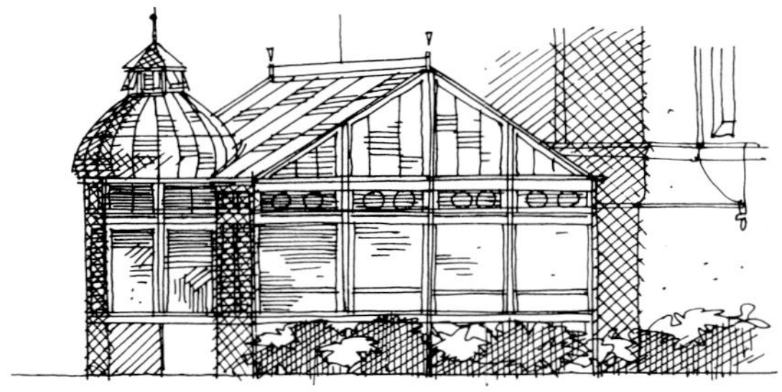

LES SERRES FONCTIONNELLES

Les propriétaires de serres ne sont pas nécessairement férus de botanique. En outre, bien qu'une part de nostalgie puisse jouer en faveur d'une extension en verre plutôt qu'en bois ou en brique, il est certain que la pièce vitrée présente une supériorité purement fonctionnelle incontestable. Elle fournit en effet une solution très souple au problème de l'équilibre à instaurer entre luminosité, chauffage et aération dans les espaces habitables.

En salle de séjour, par exemple, la véranda devient un lieu de détente agréable et non conformiste. Les formes néo-victoriennes, arrondies ou polygonales, produisent des pièces intéressantes induisant une certaine originalité de décoration. Si cette dernière est judicieusement étudiée, une telle salle de séjour fera les délices de ses occupants hiver comme été.

Des couleurs chaudes, des coussins moelleux et des meubles sympathiques en rotin ou en fibre de bois tressé comme les sièges, sofas et tables Lloyd Loom formeront un ensemble plus chaleureux en hiver que des meubles en verre ou en métal. Des stores en bois tissé peuvent suffire à transformer une lumière grise et froide en clarté plus chaude, et permettent en été de tamiser les puissants rayons du soleil en dessinant des ombres délicates et évocatrices. Un excellent moyen de s'épargner la tristesse éventuelle du paysage consiste à garnir la pièce vitrée d'une profusion de plantes vertes et de fleurs, en rayonnages ou suspendues dans des corbeilles. L'été, ces plantes seront le trait d'union entre la véranda et le jardin, ouvrant la maison sur une nouvelle perspective.

Il sera vraisemblablement nécessaire de prévoir un double vitrage afin d'augmenter l'efficacité du chauffage en hiver. L'été en revanche, la salle de séjour vitrée capte largement les rayons du soleil et doit être aérée portes ouvertes. Il est particulièrement agréable d'y séjourner dans la fraîcheur du soir après une journée torride.

À GAUCHE : une grande partie de cette extension sur deux étages a été construite par les propriétaires eux-mêmes. Leur budget familial les a orientés vers le verre dépoli pour le toit et une massive ossature porteuse en pin.

Au début du XIXe siècle, les maîtresses de maison disposant d'une salle à manger sous serre gagnaient en estime sociale si leurs hôtes pouvaient, sans se lever, cueillir une orange sur l'arbre. À l'heure actuelle, une salle à manger de ce type conserve un caractère scénique extraordinaire : flamme tremblante des bougies reflétée par le verre et douce fragrance des plantes parfumées, *Nicotiana* (tabac d'ornement) ou jasmin.

Installer son bureau dans une véranda répond à l'attrait puissant de la vie de bohème, sans doute parce que les ateliers, presque tous dotés de verrières, représentent l'habitat naturel par excellence des artistes et des photographes.

Outre les avantages objectifs d'un mur de verre — lumière et soleil —, la vue sur un jardin et sur le ciel et le sentiment de liberté procuré par un espace élargi gomment l'impression d'excessive sédentarité. Il faudra bien entendu prévoir une certaine surface de murs pleins pour y fixer les étagères, les tables, les photos et les tableaux d'affichage ainsi que les éléments d'éclairage nécessaires au travail de nuit ou stores baissés. Le besoin d'un chauffage d'appoint se fera sans doute sentir : des convecteurs électriques feront mieux l'affaire qu'un chauffage au gaz, qui crée plus de condensation. Il faudra veiller à la parfaite étanchéité des raccordements entre le verre et la structure, essentielle contre les infiltrations. En effet, si quelques fuites rehaussent encore le charme d'une véranda, il est inacceptable de trouver des documents mouillés et salis sur un bureau digne de ce nom.

Une serre-salle de bains est loin d'être inimaginable. Les solutions au manque d'intimité sont nombreuses et connaît-on plus grand luxe que de regarder les nuages ou les feuilles agitées par le vent alors qu'on est tranquillement allongé dans sa baignoire ? En effet, la verrière du toit peut rester sans ornement si la salle de bains est au dernier étage et à l'abri des regards. Ce n'est pas un avion de temps en temps qui gênera beaucoup ! Les parois, s'il y a des vis-à-vis, seront occultées par des rideaux de coton translucides, ennemis numéro un des voyeurs ! Le verre dépoli est moins joli. Au rez-de-chaussée, le problème devient plus ardu. On envisagera éventuellement la plantation d'un petit jardin formant rideau et décourageant ainsi les regards indiscrets. Dans les salles de bains et les piscines, la condensation résulte de la rencontre de la vapeur et du verre. Il faut donc installer un système de régulation de la ventilation si l'on souhaite éviter que la pièce se transforme en sauna perpétuel. Nombre de plantes sont particulièrement à leur aise dans une atmosphère chaude et saturée d'humidité : une salle de bains vitrée fournit un excellent prétexte à l'implantation d'un jardin tropical. Les piscines couvertes ne sont plus un luxe aujourd'hui et l'usage se répand de les surmonter d'une structure de verre. Le réchauffement de l'eau grâce à l'énergie solaire et l'ouverture des panneaux sur l'extérieur permettent à la famille et aux amis de se baigner agréablement toute l'année.

Des vitraux, intégrés au toit ou aux parois, se refléteront en brillants jeux de couleurs à la surface de l'eau.

L'espace ainsi dégagé engage à se montrer audacieux dans le choix des plantations : massifs d'arbustes à feuilles persistantes, voire petits arbres, rocailles avec fougères, mousse et fontaine y trouveront leur place. Un sauna, un spa, sorte de bain à remous, et, si la surface le permet, une pièce de repos meublée de sièges en osier combleront ceux qui, selon l'expression consacrée, viennent « prendre les eaux ».

Il ne vient pas immédiatement à l'esprit d'installer sa chambre à coucher sous des verrières. Sans parler d'y maintenir une température égale jour et nuit, il est très difficile de les occulter complètement. Néanmoins, stimulées par la possibilité d'admirer la voûte étoilée, allongées dans leur lit, certaines personnes font fi de toutes les difficultés pratiques. Un triple vitrage, par exemple, permet de composer avec le désir d'intimité tout en profitant de la chaleur, de la lumière et d'un panorama absolument stupéfiant.

CI-CONTRE (HAUT ET BAS) : la véranda construite sur la terrasse agrandit l'espace habitable de cette maison londonienne (conception Colin Childerley et construction Alexander Bartholomew). L'aspect gentiment conventionnel de l'intérieur, sièges 1930 et tapis orné d'un motif en étoile rayonnante, contraste avec le caractère du toit et du mur en verre ouvrant sur le jardin. Les triangles en verre laissent la place au bois plein au-dessus de la partie séjour proprement dite. Toute l'ossature est en bois traité. La couleur rouge vient du pigment contenu dans le produit protecteur.

À L'EXTRÊME DROITE (HAUT ET BAS) : serre Belle Époque pour une maison 1900 : les montants sont solides et sobres ; à l'intérieur, les briques et l'habillage en bois sont laqués blanc, des grilles d'écoulement en fonte sont prises dans le dallage, des abricotiers et des pêchers poussent contre les murs. Le toit est orné d'une crête à claire-voie remarquable.

SALLES DE SÉJOUR

Aménagée dans une véranda, la salle de séjour gagne une atmosphère plus détendue, plus informelle.

À GAUCHE (HAUT): une véranda recouvre en partie la terrasse de cette villa française du début du siècle. En hiver, c'est une pièce supplémentaire, chaude et lumineuse. En été, panneaux coulissants grands ouverts, elle sert de transition entre la maison et le jardin. Divers objets décoratifs lui donnent du caractère et les couleurs dominantes, fraîches et douces, contrastent avec la violente lumière provençale.

À GAUCHE (BAS): le style high tech domine ici — verre, béton, acier — en un ensemble relativement froid. Une cheminée procure un surcroît de chaleur en hiver et l'endroit idéal pour griller des châtaignes.

À DROITE: les poutrelles apparentes participent à la décoration de cette véranda allemande résolument moderne. Le tapis oriental apporte une note richement colorée et réchauffe le sol en ardoise. Aux froids jours d'hiver, les flammes joyeuses du poêle à bois focalisent l'attention.

CI-DESSUS ET À GAUCHE : cette maison située en bordure de Golzheim, le quartier des artistes à Düsseldorf (R.F.A.), a doublé en surface habitable par la simple adjonction d'une structure de verre au-dessus du patio. En été, des roses anciennes et une glycine d'une vingtaine d'années, qui a par miracle survécu à la construction, ombragent naturellement la verrière et estompent la limite entre l'intérieur et l'extérieur. L'ouverture de la véranda sur le jardin, grâce aux panneaux coulissants, apporte un surcroît de ventilation. Le chauffage est assuré par des câbles électriques placés dans la chape. On a choisi pour le mobilier, confortable et simple, des matériaux naturels qui accentuent encore l'harmonie avec l'extérieur : sofa et coussins recouverts de piqué blanc et fauteuils en osier à une extrémité de la pièce, chaises cannées style Bauhaus et table de chevet en rotin à l'autre extrémité. L'extension vitrée conduit naturellement à un patio dallé de vieux pavés récupérés sur un chantier voisin.

À GAUCHE (HAUT) : construite à Bruxelles dans les années 1930 par un admirateur de Le Corbusier, cette maison avait gardé la pureté de ses lignes en extérieur, mais l'intérieur avait souffert d'années de décorations successives et incohérentes. Jean-Jacques Hervy, architecte, résolut d'y mettre bon ordre et de lui rendre son style et sa clarté originels. Des extensions vitrées, des planchers de bois naturel et des dalles en verre lui ont permis de parvenir à ses fins. Les tables à colonne sont en style Renaissance italienne et les fauteuils en rotin datent de 1930.

À GAUCHE (CENTRE) : peinture moderne et jarres portugaises accentuent l'éclectisme du style.

À GAUCHE (BAS) : le parquet en châtaignier a retrouvé son aspect d'origine et restera naturel.

À DROITE : les dalles en verre éclairant le plancher de cette pièce de détente sont encastrées dans le plafond de l'extension en dessous. Les sièges, signés Toshiyuki Kito, ont de curieuses oreilles de Mickey pliantes, et sont recouvertes de housses amovibles pouvant être changées au gré de l'humeur.

CI-DESSUS ET À GAUCHE : cette aire sur le toit a été construite au-dessus d'un vaste entrepôt. Les architectes, Douglas Peix et William Crawford, ont laissé la structure intacte. Ils ont seulement mis du verre dépoli sur le pourtour afin de préserver la vie privée des occupants. Un jardin ornera bientôt la terrasse s'élevant au-dessus des rues de la ville.

CI-DESSUS ET À DROITE : l'extension au-delà des colonnes a remplacé la véranda qui protégeait cette maison de Bridgehampton (État de New York, U.S.A.). La verrière du toit laisse aujourd'hui pénétrer les rayons du soleil, et permet aux propriétaires, allongés sur la banquette, d'admirer, la nuit, le ciel parsemé d'étoiles. (Architecte : Christopher Owen.)

CI-DESSUS : un sas moderne protège l'entrée de cet immeuble ancien contre le vent et la pluie. Le verre, le métal et les carreaux de céramique s'harmonisent parfaitement avec les vieux murs de brique (France).

À DROITE : cette maison californienne ne mesure que 6,10 m × 6,10 m × 12 m, mais l'architecte Stephen Erlich a su utiliser le verre et les douces couleurs pastel avec un remarquable sens de l'espace et de la lumière.

CUISINES ET SALLES À MANGER

L'abondance de plantes dans la cuisine facilite, en principe, la préparation des repas et crée, dans tous les cas, un cadre remarquable pour un dîner sous la verrière.

À GAUCHE (HAUT ET BAS) : le high tech à la mode à l'époque de la rénovation de cette maison a modelé les lignes nettes et rigoureuses de l'extension vitrée prolongeant la cuisine. Le blanc et le noir sont les couleurs de base, réhaussées par le seul vert naturel des plantes à l'extérieur. Le chauffage est assuré par des radiateurs électriques à thermostat placés sous les fenêtres et la lumière tamisée par des stores en toile.

À DROITE (HAUT ET CENTRE) : dans cet appartement moderne, la partie salle à manger donne sur un immense jardin exotique aménagé en contrebas. L'aspect romantique de cette pièce au vitrage légèrement embué contraste fortement avec la cuisinette, digne d'un navire par la fonctionnalité de ses éléments en bois et en marbre.

À DROITE (BAS) : les matériaux relativement froids employés pour l'aménagement de cette cuisine (marbre, granit et mosaïque) sont réchauffés par le rouge des montants de la verrière et des perles de l'abat-jour Art Déco.

À GAUCHE (HAUT) : un journaliste parisien, amateur d'antiquités, s'est fait bâtir une véranda à peu de frais, puis lui a donné un style et beaucoup de charme grâce à des trouvailles de marché aux puces : jardinières, rideaux de dentelle, fauteuil en bambou... Le portemanteau a été détourné de sa fonction d'origine au profit des fougères et des plantes grimpantes.

À GAUCHE (CENTRE) : en encoignure sur une petite terrasse, cette véranda s'ouvre entièrement des deux côtés, non sans rappeler la forme d'une tente.

À GAUCHE (BAS) : le mobilier de style n'est certes pas le plus pratique pour meubler une véranda, mais il lui confère indubitablement un charme particulier en contrastant avec le sol carrelé et les montants laqués blanc.

À DROITE : cette salle à manger très conventionnelle se refuse à toute compromission avec le style de mobilier généralement admis dans une serre. Les candélabres, les chaises capitonnées et les rideaux détonnent délicieusement dans cet environnement de verre, de pierre et de brique.

À GAUCHE (HAUT) : des stores extérieurs ombragent cette cuisine au fort de l'été. Le bois des éléments et les plantes égayent la pièce et adoucissent les surfaces en verre et en céramique (Architectes : Hunt-Thompson Associates).

À GAUCHE (BAS) ET À DROITE : deux façades en verre, dont une sur deux étages, englobent la salle de séjour et la cuisine de cette maison (conception : Estelle Lugat Thièbe, architecte). Elles sont séparées par un large bloc en béton qui draine les eaux de pluies en provenance du toit. Le bois naturel et la faïence blanche ont été choisis comme matériaux décoratifs de base. Un splendide lavabo en cuivre invite les jeunes enfants de la maison à se laver régulièrement les mains.

CI-DESSUS ET À DROITE : aucune de ces deux charmantes serres n'est aussi ancienne que les apparences le suggèrent et il y règne pourtant une atmosphère surannée fleurant le XIXe siècle. Il a suffi pour cela de quelques éléments choisis : nappe en dentelle artisanale, vieux fauteuils en osier, briques moussues, vitraux anciens...

À GAUCHE (HAUT ET BAS): des conduites de drainage torsadées ont inspiré l'aménagement de cette véranda qui ne manque pas d'originalité. Rayées rouge et or, les conduites, transformées en colonnes extrêmement décoratives, supportent aujourd'hui le toit préfabriqué, dont l'ossature a été également peinte en rouge. Plutôt salle à manger, d'ailleurs remarquable, que serre, la pièce est moquettée d'un gris assorti aux coussins et à la peinture marbrée et mouchetée.

À DROITE: il suffit de quelques objets romantiques pour donner du charme et une impression d'espace à la plus petite des serres. Pour ce modèle de base préfabriqué, conçu par Francis Machin, on a choisi des carreaux en terre cuite faits main, de vieux fauteuils et une nappe ancienne: n'est-ce pas l'endroit idéal pour un tête-à-tête?

À GAUCHE ET À DROITE : *le propriétaire (et concepteur) de cette serre-salle à manger affirme qu'il devient inconcevable de vivre sans une extension sous verrières dès l'instant où l'on a goûté au plaisir de manger « dehors » presque toute l'année. La serre a été construite sur deux étages autour d'un escalier en colimaçon 1900 découvert par hasard, enfoui sous les hortensias, dans le jardin d'un voisin. Les marches sont d'anciennes grilles d'écoulement récupérées dans une église en démolition. La rampe en acier inoxydable a été rajoutée ultérieurement. Exceptés les montants en aluminium, l'ensemble de l'ossature est en bois. Une fois la serre terminée, les propriétaires, amoureux des plantes mais plutôt néophytes en la matière, l'ont remplie de tous les végétaux et boutures qu'ils ont pu trouver. Un an plus tard, ils se frayaient quasiment un chemin à la machette dans une véritable forêt vierge où des soleils, notamment, frisaient les 3,60 m de haut ! Ils ont depuis adopté une stratégie plus adaptée qui s'inscrit dans la densité et l'exubérance contenues des plantations de géraniums et de pélargoniums, sans oublier le jasmin d'hiver, le plumbago et la vigne de la variété Muscat de Hambourg. En trois ans, elle s'est étendue sur 6 mètres de long et a déjà donné 18 kilos de fruits délicieux.*

À GAUCHE : l'atelier de Tom Merrifield, sculpteur et peintre, se trouve au dernier étage de sa maison londonienne, qui abrite également la galerie d'art dont s'occupe sa femme, Blackie. Dans le prolongement de la cuisinette, très fonctionnelle, se situe la salle à manger contemporaine, où les plantes le disputent en attrait aux nappes à jours anciennes, qui font partie de la collection de « vieilles choses » de Blackie. L'une d'elles est étalée sur la table à repasser, la transformant en desserte les jours de réception. La lampe 1930 vient d'Aberdeen, en Écosse, où Tom l'a acquise en échange d'une de ses peintures. Tous les fauteuils entourant la table sont différents. Cette diversité tient là encore aux talents de collectionneuse de Blackie. Les réceptions du soir se déroulent à la lueur des bougies et d'une guirlande de Noël électrique, qui une fois installée « faisait beaucoup trop joli pour être enlevée ».

À DROITE (HAUT) : Richard Dattner, architecte, a voulu que cette maison de vacances soit une cabane dans un arbre pour adultes. La forme de la maison est en triangle, cependant, la salle à manger curviligne adoucit les lignes rigides de l'extérieur et ouvre la perspective sur la piscine. Les dîners prennent une autre dimension lorsque celle-ci, la nuit, acquiert des allures de grotte miroitant d'une lumière trouble.

À DROITE (BAS) : une minuscule cuisine a été notablement agrandie grâce à une extension englobant le balcon adjacent. Cette dernière a permis d'installer un comptoir sur trois côtés (pas plus, à cause de l'angle du toit imposé par la surface disponible) qui a transformé une simple cuisine en une agréable pièce familiale.

À GAUCHE (HAUT) : lumière et couleur font le charme de cette salle à manger sur le toit (Architecte : Robert A.M. Stern).

À GAUCHE (BAS) : sur les terres du château Howard (Yorkshire, G.-B.) s'élève un bâtiment plus modeste « The Dairies » qui, au XIXe siècle, fut transformé en maison d'habitation pour le gérant de la propriété. Des rénovations y ont été entreprises récemment, dont la réhabilitation de cette splendide pièce-jardin aménagée dans une ancienne serre à tomates adossée. Le plâtre brut des murs contraste avec la décoration soigneuse de l'énorme table en pin, dont le plateau est peint de plans, cartes et lettres en trompe-l'œil. Les fenêtres en plein cintre achetées pour quelques francs dans une brocante, il y a environ quarante ans, ouvrent sur la serre chaude adjacente. Le treillage du plafond laisse tomber une lumière très douce sur cette pièce charmante.

À DROITE : l'écrivain œnologue, Hugh Johnson a, comme il se doit, installé Bacchus dans sa serre. Ce marbre de style néo-grec (Athènes, 1840) le représente tenant une grappe de raisins, un léopard à ses pieds. Des claies en cèdre ombragent la serre simple mais joliment aménagée. Elle est adossée depuis six ans seulement à cette vieille maison de la fin du XVIIe siècle. La passiflore et le plumbago partent à l'assaut du toit et les marguerites, les fuchsias, les pélargoniums et les citronniers y prospèrent.

ATELIERS ET BUREAUX

Une belle vue dégagée peut faire régner une atmosphère sereine dans une pièce, stimulant le travail, voire l'inspiration créatrice.

À GAUCHE : des stores en toile de coton pour le plafond et une claie en cannisses pour la fenêtre exposée à l'est protègent ce bureau contre les rayons éblouissants du soleil d'été.

À DROITE : l'architecte hollandais Koen Van Velsen a préféré conserver la lumière naturelle au-dessus de sa planche à dessin et adoucir les rayons latéraux par des panneaux coulissants en verre cathédrale imitant les shōjis japonais.

CI-DESSOUS : un bureau d'études en mezzanine profite de l'ensoleillement de la véranda englobant la façade sur deux niveaux.

CLASS I
PRICOTS

À GAUCHE (HAUT) : cette véranda arrondie capte le moindre rayon de soleil. Le dallage en terre cuite ne craint pas les gouttes de peinture et le toit en verre dépoli tamise la lumière. En bref, c'est un atelier de peinture idéal !

À GAUCHE (BAS) : ce bureau d'architecte bénéficie d'une lumière constante et d'une vue imprenable sur les toits de Berlin.

À DROITE : ce qui n'était, dans un premier temps, qu'un loft au-dessus d'un garage est devenu l'atelier d'un peintre amateur. L'architecte, Maxim Benthall, lui a donné la forme d'une pyramide afin d'étendre la vue sur le parc situé à proximité. L'édifice s'appuie sur des troncs de chêne pris dans du béton, mariage curieux du rustique et du moderne.

À GAUCHE : ce volume très lumineux dans la partie basse de Manhattan (New York, U.S.A.) convient parfaitement à l'atelier d'un metteur en scène. L'unité des couleurs et des matériaux accroît la sensation d'espace de cette pièce qui est en réalité très petite. C'est le cas de l'habillage en bois naturel clair qui se prolonge sur la paroi et le banc de la terrasse. La partie miroir, au-dessus de la paroi, multiplie également les dimensions de la pièce en reflétant les profilés du vitrage. (Architectes : Shelton & Mindel.)

CHAMBRES ET SALLES DE BAINS

À l'écart des regards curieux, une serre-salle de bains ou chambre réconcilie la fonction et l'esthétique.

Le problème de l'intimité ne s'est pas posé à l'architecte Christopher Owen pour le vitrage de ce magnifique appartement sur un toit de New York. En effet, les seuls passants à cette hauteur sont les oiseaux, et les propriétaires peuvent jouir sans contrainte du panorama qui les entoure.

EN HAUT : une partie de la terrasse est restée découverte pour l'été.

CI-DESSUS : la chambre s'ouvre sur la serre ou sur la terrasse au rythme des saisons.

À DROITE : par-dessus la retenue d'eau de Central Park, extraordinaire vue panoramique sur Manhattan.

À GAUCHE (HAUT ET CENTRE) : toujours dans l'appartement de la page précédente, un miroir collé sur la paroi de la salle de bains en marbre blanc renvoie l'image de l'extérieur. Le bain de soleil est un des plaisirs dont on peut, ici, profiter toute l'année.

À GAUCHE (BAS) : lorsque la pente du toit est très accentuée, il est toujours possible d'installer une baignoire dans l'angle rentrant.

À DROITE : les propriétaires de cette suite chambre-salle de bains ont donné la priorité à la régulation extrêmement précise de la température. En hiver, on ouvre le store en toile masquant le plafond et on allume la cheminée. En été, les jalousies ombragent la pièce rafraîchie par un ventilateur.

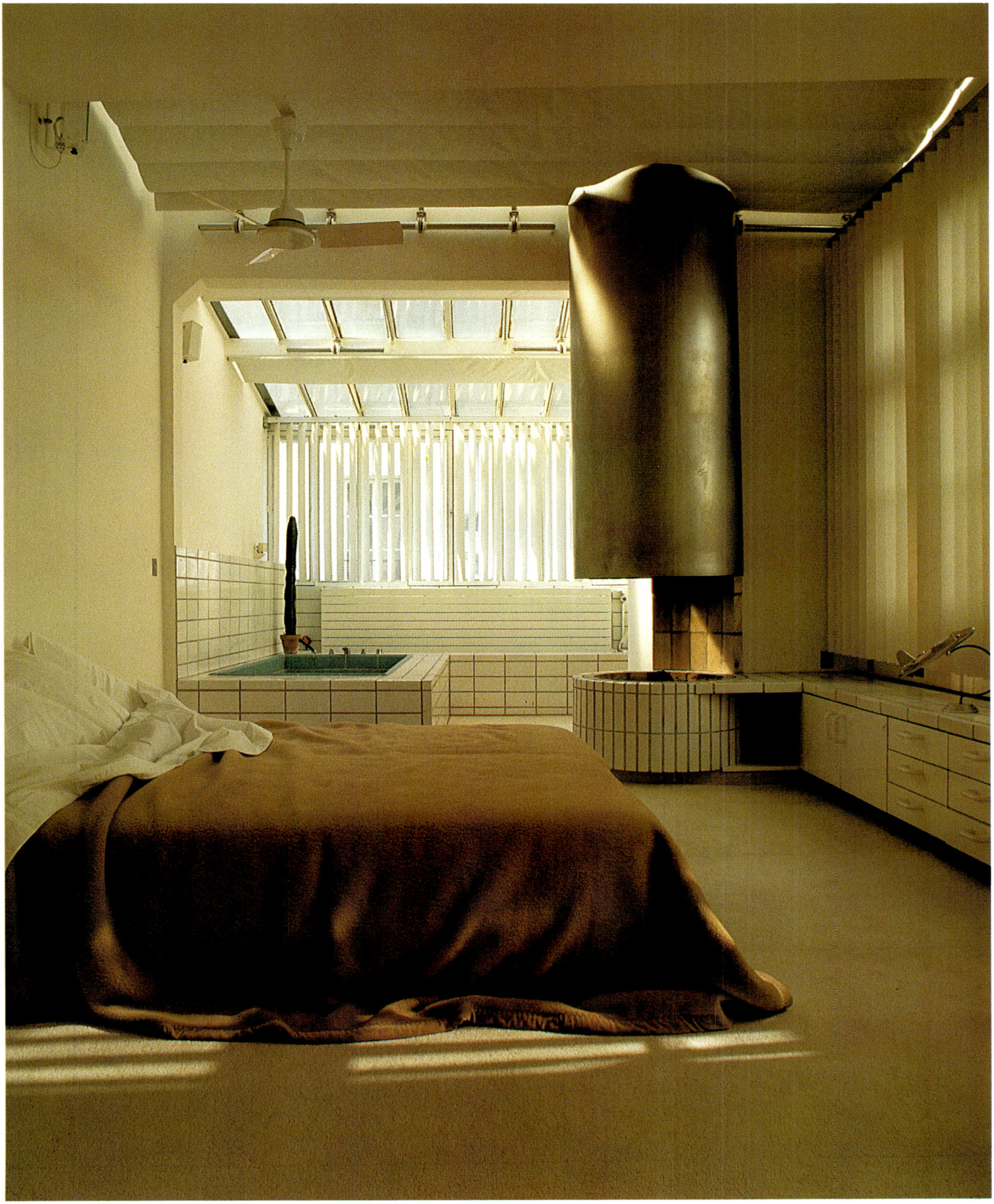

PISCINES

Les piscines vitrées procurent chaleur et humidité aux plantes et constituent un cadre particulièrement agréable pour un plongeon quotidien.

À GAUCHE : salle de bains familiale, piscine et aire de jeux sont réunies dans une extension vitrée prolongeant un sauna et une petite salle de gymnastique. Le long mur habillé de céramique, qui fait face au bassin, est ponctué de renfoncements réservés aux lavabos et au rangement. Les W.C. et le bidet sont séparés de la pièce principale par un mur à mi-hauteur également faïencé de blanc. Il émane de l'ensemble de la pièce une ambiance familiale décontractée et saine.

CI-DESSUS : au milieu d'un grand jardin, une serre en arc brisé abrite un bain à remous cerné de plantes exotiques. Celles-ci prospèrent au fort même des hivers les plus rudes grâce à la chaleur et à la condensation de la piscine. Les propriétaires sont ainsi transplantés dans une atmosphère digne des Tropiques à chaque fois qu'ils foulent le sol de leur piscine carrelée.

EN HAUT ET CI-DESSUS : bien que relié à la demeure principale par des murs et un passage couvert, ce pavillon, abritant entre autres une piscine, semble tout à fait indépendant. Le dessin postmoderne de l'architecte Robert A.M. Stern répond à la priorité esthétique plus que fonctionnelle donnée par le maître des lieux. Il en est résulté un volume dégradé perméable à la lumière naturelle par un toit en verrières et ouvrant sur la pelouse en été. L'espace intérieur est immense et se prête bien à la détente et l'habitat (Greenwich, Connecticut, U.S.A.).

À DROITE : des palmiers au fût en cuivre jaune, de multiples nuances de bleu et des carreaux de faïence donnent à la piscine un zeste de grandeur pharaonique.

À GAUCHE (HAUT): un foyer à l'extrémité de la piscine semble être là pour réconforter les nageurs après l'effort, bien que la température, grâce au toit vitré en ogive, soit sybaritique.

À GAUCHE (BAS): cette piscine est couverte d'un toit en verre cathédrale qui tamise la lumière d'été. Les parois transparentes ouvrent sur la fraîcheur du jardin en atrium.

À DROITE: effet de miroir par un bel après-midi d'été. Cette serre à double pente abrite à la fois une piscine et un coin-goûter des plus agréables.

À GAUCHE (HAUT ET CENTRE): ce petit relais de poste situé sur les terres d'une ferme de l'État de Washington (U.S.A.) était en si piteux état que les propriétaires ont failli le faire démolir. Ils l'ont finalement reconverti en sauna et lieu de détente, complétés par une piscine sous une extension vitrée. L'architecte, Winthrop Faulkner, a prévu un bassin de 17 m × 4 m avec un bain à remous à l'une des extrémités. L'un des versants du toit est équipé de panneaux solaires maintenant une température agréable à l'intérieur. Les fondations de la maison abritent les systèmes de filtration et de chauffage.

À GAUCHE (BAS): le peintre allemand, propriétaire de cette piscine aménagée dans une ancienne étable, aime beaucoup les chiens. À preuve, la statue de son animal favori, nommé Echo, qui monte la garde au milieu des plantes exotiques, indifférent à la température tropicale nécessaire à leur bien-être.

À DROITE: les vitraux imprègnent cette jolie piscine d'une atmosphère d'église. Son style est en fait assorti au presbytère du XIXe siècle auquel elle a été rajoutée. Des vignes vigoureuses enlacent les montants et les raisins, lorsqu'ils sont mûrs, tombent dans le bassin hexagonal teintant l'eau en rose pâle. La piscine et le salon attenant sont l'œuvre de Martha Johnson.

CI-DESSUS : ce bassin très personnalisé en forme de trèfle à quatre feuilles est abrité par une structure ogivale dessinée par Francis Machin.

À GAUCHE : cette serre moderne à double voûte enveloppe une piscine et un salon ornés de plantes exotiques arborescentes. C'est un lieu particulièrement agréable en été.

À DROITE : à l'une des extrémités, une grotte cache judicieusement les systèmes de filtration et de chauffage. Des dalles de pierre entourent le bassin carrelé de mosaïque colorée.

RÉALISATIONS PEU COÛTEUSES

Tirer le meilleur parti du moindre espace, une simple embrasure de fenêtre par exemple, permet de créer à peu de frais une atmosphère de jardin, fraîche et originale.

À GAUCHE (HAUT): grâce à une extension vitrée curviligne, on a, de ce petit coin-lecture fleuri, une belle vue sur la ville.

À GAUCHE (BAS): des coquillages, des cactées miniatures et des plantes relient l'espace intérieur au jardin luxuriant.

À DROITE (HAUT) : les solides montants noirs sont assortis aux lignes géométriques de cette maison contemporaine.

À DROITE (CENTRE) : dans la cour privée de cet îlot d'habitations, un angle saillant gagne en esthétique et en lumière grâce à une extension vitrée. Le vert des poutres reprend celui des encadrements de fenêtre donnant un rythme à la façade.

À DROITE (BAS) : dans cette charmante serre, restaurée dans un renfoncement entre deux maisons, prospère une belle collection de fougères et de fleurs.

À GAUCHE (HAUT): un renfoncement étroit sans intérêt gagne à être mis en valeur par une extension vitrée à deux niveaux.

À GAUCHE (BAS): en empiétant sur une cour désaffectée, une extension en verre agrandit l'espace habitable de la maison d'une manière extrêmement agréable.

À DROITE (HAUT ET BAS): une minuscule terrasse, attenante à la chambre à coucher du maître des lieux, a été reconvertie en chambre d'ami. Les stores du plafond et des parois, en coton indien, transforment à volonté un volume ensoleillé en alcôve. (Architectes: Shelton & Mindel Associates.)

SUR LES TOITS, TERRASSES ET BALCONS

Il est vrai qu'un des plus grands atouts de la véranda est de constituer une transition agréable entre une maison et son jardin, mais ce n'est pas la seule manière de goûter la vie sous les verrières. En effet, n'importe quelle grande ville vue d'avion livrera au regard la floraison de petites serres édifiées audessus de la circulation et de la pollution de la jungle citadine : oriels et porches vitrés, serres dressées sur les toits en terrasse ou posées comme des bulles au beau milieu des systèmes de chauffage et autre machinerie d'ascenseur, décor traditionnel des toits d'une ville. Quelles que soient leur taille et leur situation, elles permettent aux occupants des appartements d'élargir quelque peu leur espace. Pouvoir bénéficier du soleil, de la présence des plantes et d'une vue sur le ciel procure à l'individu un sentiment de liberté au sein de la multitude des logements. Une petite anecdote a, il y a quelque temps, défrayé la chronique. Alertées par le soudain succès des serres miniatures, les autorités municipales d'une ville des U.S.A. se sont rendues compte, avec surprise, que nombre d'entre elles servaient à la culture d'une plante exotique d'un genre particulier, dénommée cannabis. Les représentants de la loi n'avaient pas pensé, semble-t-il, que les petits coins de paradis sous verre pouvaient devenir artificiels.

À GAUCHE (HAUT): contre un mur couvert de lierre, une véranda englobe la balustrade en pierre du deuxième étage.

À GAUCHE (CENTRE): dans les premiers rayons du soleil, une serre à l'armature blanche tranche sur un mur rouge.

À GAUCHE (BAS): trois serres au toit en arc brisé se répondent sur cette alignée de maisons: deux au niveau du sol, une en hauteur.

À DROITE : oriels et vérandas aux endroits les plus inattendus animent le paysage urbain.

JARDINS MINIATURES

À la fin du siècle dernier, la bourgeoisie a la manie de la collection. Coquillages, perles, fleurs séchées, vieilles images, épingles décoratives, oiseaux empaillés, tout ce qui peut être encadré, arrangé, exposé sur des supports ou immortalisé sous verre contribue au charmant désordre d'un salon de l'époque. Les plantes n'y échappent pas et dans la seconde moitié du XIXe siècle, tout salon digne de ce nom contient un châssis Ward (cf. page 8), ou à défaut, un aquarium. Les plantations sont parfois étrangement révélatrices. Ainsi, des jeunes filles bien nées prennent apparemment un certain plaisir à attraper des mouches vivantes afin de nourrir leurs plantes carnivores, dionées ou droseras.

Certains châssis Ward sont équipés d'un système de chauffage au gaz ou par thermosiphon. D'autres, anticipant l'utilisation moderne de l'énergie solaire, sont conçus pour capter les rayons et conserver la chaleur.

Plusieurs sont très esthétiques avec un habillage en cuivre jaune et des incrustations de verre coloré. D'autres sont rustiques, assemblage de simples planchettes en bois ou de branches et brindilles courbées en une improvisation débridée de formes fantasques. D'autres encore sont dorés, émaillés, couverts de médaillons. Quelques-uns d'entre eux sont des exemples hideux d'ébénisterie surchargée : piètement excessivement galbé, chérubins enlacés, sculptures de fruits et d'animaux et velours peluche rouge en quantité. Le Crystal Palace en réduction a aussi une certaine popularité. Certaines familles préfèrent cependant affirmer de manière plus évidente leur rang et leur richesse et exposent, quant à elles, leurs plantes dans des châssis à l'allure de cathédrale gothique.

De toute les plantes qui emplissent ces jardins miniatures, ou « jardins familiers » comme on les surnomme à l'époque, les fougères ont la meilleure cote. On leur attribue même des pouvoirs mystiques aux vertus thérapeutiques et apaisantes. Des collectionneurs partent de plus en plus loin à la recherche de variétés plus exotiques, tandis que les botanistes mettent en garde contre cette ruée qui risque d'entraîner la disparition de certaines espèces rares.

L'historien et écrivain anglais Charles Kingsley mettait ainsi timidement les pères en garde : « Vos filles ont grandi, bercées par la "Ptéridomanie" ambiante et aujourd'hui elles collectionnent et achètent (avec votre argent !) des fougères et des châssis Ward pour les protéger... »

De nos jours, le châssis Ward, ou plutôt sa version moderne, revient à la mode, non seulement pour son aspect décoratif mais aussi parce qu'il protège les plantes contre la pollution. Bonbonnes, aquariums et bocaux sont quelques-uns des mille récipients susceptibles de recevoir un jardin miniature. Les plantes minuscules, enracinées dans un substrat exempt de parasites et bien drainé, prospéreront pendant des années sans entretien particulier.

Les fleuristes vendent de plus en plus de ces petites serres déjà plantées, « maisonnettes » de verre soulignées de bois blanc ou de laiton.

À L'EXTRÊME GAUCHE (HAUT): *les jardins en bouteille sont la version moderne des châssis Ward du XIX*[e] *siècle.*

À GAUCHE (HAUT) : *un des tout premiers châssis Ward à la forme très appréciée. Il abrite une riche collection de fougères diverses.*

À GAUCHE (BAS) : *sur un plan de travail dans la cuisine, une petite serre portative fait office de forcerie pour jeunes plants et plantes aromatiques.*

À DROITE (HAUT) : *dans l'une des rares maisons victoriennes encore intactes à Londres, deux des oriels ont été doublés de serres miniatures. Celle-ci est ornée d'une frise de carreaux bleu et blanc. Le dessinateur Edward Linley Sambourne a vécu dans cette maison située à Kensington.*

À DROITE (BAS) : *cette fenêtre-serre version 1980 abrite une jolie collection de géraniums.*

CI-DESSUS ET À DROITE : dans ce loft spacieux, la verrière est réservée aux oiseaux et non aux plantes. Adossée à un mur en brique naturelle, elle met en scène le volume de la pièce de manière intéressante. Une volière est, en tout cas, un emploi original pour une extension vitrée standard dotée d'un système de ventilation adéquat.

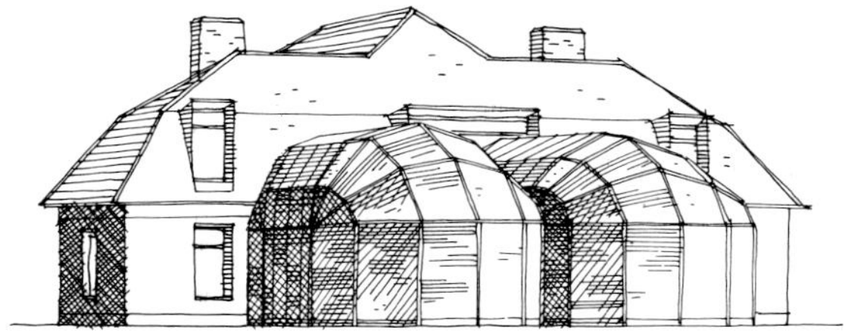

LES SERRES CONTEMPORAINES

Le verre, dès l'époque du Crystal Palace, est associé à une conception révolutionnaire de l'architecture. Ainsi l'Allemand Paul Scheerbart, critique d'architecture visionnaire du début de ce siècle, écrivait : « Le verre nous fait entrer dans une ère nouvelle, la culture de la brique est un pesant fardeau. » Lui et ses contemporains plus utopistes reprochaient aux constructions en maçonnerie leur côté inesthétique, mais ils considéraient surtout qu'elles symbolisaient l'asservissement et l'emprisonnement de l'homme. Le verre, en revanche, signifie la libération de l'esprit humain et constitue un environnement où l'amour et l'harmonie sont susceptibles de s'épanouir plus aisément.

Le rêve de Scheerbart est devenu réalité au cours de la seconde moitié du XXe siècle, moins en réponse à des préoccupations idéalistes qu'en fonction des progrès radicaux de la technologie du verre qui a multiplié les possibilités de mise en œuvre de ce matériau en architecture. Les feuilles de verre sont beaucoup plus résistantes et n'imposent plus de lourdes armatures de fer ou d'acier. Des traitements isolants et réfléchissants en font un matériau qui isole de la chaleur et des rayons éblouissants pendant le jour et conserve réellement la chaleur pendant la nuit. L'amélioration des systèmes de chauffage et de ventilation a en outre élevé les logements en verre, jusqu'alors cantonnés dans leur rôle de folies charmantes, au rang de nouvelle technique de construction.

Farnsworth House, la maison de week-end de Mies Van der Rohe, construite en 1945-1950 sur un terrain isolé dans un bois de l'Illinois (U.S.A.), compte parmi les plus belles maisons de verre. C'est l'une des premières maisons privées à être entièrement entourée de murs en verre soutenus par des profilés en acier laqué blanc. Elle est, tant par sa forme sobre que par le choix des matériaux, l'expression ultime de la philosophie de Mies : « Le moins c'est le plus. »

À GAUCHE : les lignes courbes et asymétriques de cette serre résolument moderne s'harmonisent parfaitement au style de la maison 1825. (Architecte : Jon Benson assisté par Katerina Kyselkova.)

Une construction similaire a été conçue par l'architecte américain Philip Johnson dans le Connecticut (U.S.A.) en 1949. À l'exception d'un cylindre central qui renferme la salle de bains, elle est complètement transparente.

La construction de logements tout en verre a vraisemblablement un avenir limité qui tient plus au tissu urbain qu'aux possibilités du matériau. Isolée au milieu des arbres ou près de la mer, une maison en verre offre certes plus d'attrait qu'en bordure de rue animée ou à deux pas de chez les voisins. En revanche, l'idée de vitrer partiellement la maison est aujourd'hui quasiment reconnue en architecture moderne. On peut en conclure que les serres ont inspiré pour une grande part les réalisations les plus attachantes de l'architecture urbaine moderne.

Le coût de plus en plus élevé de l'électricité et du fuel pousse à l'exploration de nouvelles sources d'énergie. Par l'utilisation d'un verre absorbant la chaleur, de panneaux de stockage et d'autres améliorations techniques déjà citées, la chaleur absorbée par les vérandas et autres grandes surfaces vitrées peut être canalisée pour chauffer les maisons d'habitation presque toute l'année. Nombreux sont les architectes contemporains qui envisagent la maison du futur tournée vers une grande cour couverte et ouverte au sud par une énorme fenêtre en pente flanquée de panneaux solaires. Dans les expositions de maisons modèles, tous les constructeurs, jusqu'aux plus classiques, présentent au moins un modèle avec véranda.

Au XIXᵉ siècle, la serre représente un idéal traditionnel et confortable d'harmonie domestique, l'expression concrète de l'intérêt porté aux loisirs et la joie de construire de beaux édifices. Aussi étrange que cela puisse paraître, ces valeurs perdurent encore aujourd'hui, faisant de l'extension en verre un élément essentiel de la conception du logement à venir.

À DROITE (HAUT): les occupants de cet appartement ont accès au jardin par un escalier en spirale, qu'ils ont couronné, au niveau de la salle de séjour, d'un petit coin de soleil grâce à une marquise à châssis bleu de cobalt. Le sauna aménagé dans la cave est pourvu d'un plafond isolant, et la chambre s'ouvre sur le toit par un minuscule balcon.

À L'EXTRÊME DROITE (HAUT): sauf pour l'armature dont le bois laqué blanc rappelle l'encadrement des fenêtres, ce porche néo-classique ne tient pas compte du style de cette maison de banlieue typique sans prétention particulière.

À DROITE (BAS): plutôt qu'un simulacre de véranda à l'ancienne, les propriétaires de cette maison mitoyenne ont préféré une extension ultra-moderne sur deux niveaux. Il y a en fait deux vérandas: l'une prolongeant la salle de bains du premier, l'autre formant une salle à manger communiquant directement avec la cuisine.

À L'EXTRÊME DROITE (BAS): en jouant avec les formes, on obtient des contrastes intéressants. Ainsi ce porche vitré aux lignes courbes encadré par deux arbres au garde-à-vous. Le porche permet d'ouvrir l'ex-porte d'entrée, étroite, et d'éclairer ainsi le vestibule.

UNE MAISON CACHÉE PAR UN MUR DE VERRE

En plus des problèmes qui se posent d'ordinaire aux architectes, Borek Sipek a dû surmonter les difficultés posées par le site particulièrement difficile de cette maison, coincée entre les pavillons voisins plutôt quelconques. Le code de l'urbanisme allemand requiert des constructions à angle droit par rapport à la rue, ce qui était impossible dans le cas de cette maison. Pour s'y conformer, du moins en apparence, la partie visible de la maison est une « couverture » en verre construite perpendiculairement à la rue, tandis que la maison proprement dite, en brique, se cache tranquillement, et parallèlement, derrière. Le résultat obtenu par Sipek est remarquable même s'il ne correspond pas tout à fait à la pensée des pouvoirs publics.

L'ossature en acier, solidaire des fondations, englobe la maison à la manière d'une cage. L'espace habitable est concentré au rez-de-chaussée. Un mur d'argile chauffé au gaz, tel un fourneau en céramique, propage la chaleur dans toute la maison. Même sans cet apport de chaleur supplémentaire, le toit en verre à lui seul maintient une température très élevée à l'intérieur de la maison, parfois trop, en été, malgré les volets d'aération latéraux à ouverture (en cas de surchauffe) et fermeture (en cas de pluie) automatiques. L'ingéniosité, une fois de plus, a permis de résoudre ce problème : les propriétaires ont planté des arbres et des plantes grimpantes vigoureux sur le pourtour de la serre. L'été prochain, elle sera ombragée naturellement par un rideau de verdure.

À GAUCHE (HAUT) : la « couverture » en verre ressort particulièrement parmi ses voisines très classiques.

À GAUCHE (AU CENTRE ET EN BAS) : le volume dessine un immense salon sous verrières habitable toute l'année.

À DROITE : un escalier conduit de la partie classique de la maison à l'attique vitré.

À GAUCHE : bien qu'elle semble très homogène, cette maison en haut d'une colline (New Jersey, U.S.A.) est le résultat d'une réhabilitation partielle, fruit de l'imagination de l'architecte Alfredo De Vito. La partie vitrée centrale abrite une piscine.

À DROITE (HAUT) : cette maison a modifié la personnalité de son propriétaire. Ce vice-président d'une société sidérurgique a été le premier surpris de constater qu'en un an, la maison au milieu des bois (Caroline du Sud, U.S.A.) a fait de lui un amoureux de la nature. Les murs en verre, la vue ininterrompue par des obstacles intérieurs superflus l'ont mis en contact avec la nature, expérience entièrement nouvelle pour lui. Étant de la partie, il a choisi des profilés en acier — tellement chers qu'ils sont en règle générale hors de portée du commun des mortels. Cela a fait les délices des architectes Stephen Tilly et Alan Buchsbaum. L'acier ayant une portée largement supérieure au bois, ils ont pu concevoir une vaste surface habitable sur deux niveaux. Tout est en acier, des escaliers aux solives et aux grilles. Seuls les murs extérieurs sont en bois à la fois pour des raisons d'esthétique et d'isolation.

À DROITE (BAS) : la serre de droite est contemporaine de la maison en brique construite dans les années 1930 (Ascot, G.-B.), mais la tour, merveilleuse folie de verre, est beaucoup plus récente. Octogonale, elle atteint 6,50 m de hauteur et renferme un escalier en spirale conduisant à la chambre du premier étage. On a pris des mesures de sécurité particulières en la revêtant d'un verre armé à cause des glaçons. Des glaçons ? Comme chacun sait, de la glace, qui s'est formée dans la stratosphère, se détache des avions à réaction lorsqu'ils réduisent leur altitude. Et le propriétaire ne voulait pas que la tour éclate, victime d'un « glaçon » de Damoclès lâché par le Concorde du soir en phase d'atterrissage sur l'aéroport tout proche ! (Architecte : Andrew Blenkinsop.)

CI-DESSUS ET À DROITE : du côté sud de cette maison, un solarium de 6 m × 9 m × 1,50 m, capte et absorbe le rayonnement solaire et maintient une température de 27 °C, même par temps partiellement nuageux. Le carrelage noir du sol et des parois accroît l'absorption du rayonnement, donc la formation de chaleur. Des fenêtres et des portes-fenêtres ouvrant sur cette enceinte permettent à l'air chaud ainsi récupéré de circuler dans tout l'espace habitable. (Architecte : Jeffrey Milstein, pour le compte de Barbara Brooks.)

CI-DESSOUS ET À DROITE : réalisation, au milieu des arbres, de cinq maisons partiellement en verre. Les intérieurs sont blancs à l'exception de quelques touches noires et les pièces peuvent être fermées par des stores en bambou laqué blanc. Pour le moment, ils protègent les occupants des ardeurs du soleil, mais les verrières seront bientôt ombragées par des plantes grimpantes en profusion. (Architecte : Horst Schmitges.)

CI-DESSUS ET À GAUCHE : les maisons en verre absorbent la chaleur du soleil couchant tandis que leurs voisines, classiques, frissonnent. Des stores de toile blanche, si besoin est, tamisent le soleil. La maison est si bien chauffée qu'un dallage en marbre n'a rien d'incongru même dans le nord de l'Europe.

À GAUCHE : l'utilisation du bois naturel, à l'extérieur et à l'intérieur, confère à cet étage ajouté au sommet d'une maison une fraîcheur toute scandinave. C'est une œuvre de l'architecte Bernard Kohn, de même que la maison ci-dessous.

CI-DESSOUS : la structure de cette extension, à l'exception des profilés en aluminium du toit, est en bois naturel légèrement foncé par le produit de traitement. Cette véranda prolonge le rez-de-chaussée d'une vieille maison.

À DROITE : il est fort possible que l'Italien moyen d'il y a environ 2000 ans n'y verrait aucun rapport, pourtant, la conception étonnante et courageuse de cet édifice est fondée sur le domus, *la maison romaine classique. Ainsi qu'on a pu le constater à Pompéi et à Herculanum, cette maison s'articule autour d'une cour intérieure, l'*atrium, *et de son bassin central, l'*impluvium, *qui sert à récupérer les eaux de pluies tombant par le toit ouvert. Toutes les pièces ouvrent sur l'atrium, l'extérieur de la maison présentant une face aveugle aux rues environnantes. L'architecte allemand Horst Schmitges, non conformiste, s'en est inspiré pour créer cette maison contemporaine. Elle ne présente aucune ouverture à l'extérieur et est emballée, comme un énorme cadeau, dans une enveloppe en béton à gros plis qui l'arrondit en donnant l'impression qu'elle est gonflée d'air. Elle s'ouvre à l'intérieur et révèle son cœur en verre. La céramique blanche et les profilés métalliques bleus lui donnent un air sous-marin accentué par les reflets chatoyants du bassin central.*

CI-DESSUS : le dallage blanc et luisant ainsi que les profilés thermolaqués noir et rouge participent à la sensation d'espace émanant de cette véranda en réalité toute petite. La chaise jaune vif est une copie de la célèbre chaise créée par Jorge Ferrari-Harboy en 1938.

À GAUCHE (HAUT) : un grand nombre d'extensions vitrées ont pour but d'emprisonner le rayonnement solaire. Ce n'est pas le cas de celle-ci. Toutes les pièces de la maison ayant des vues superbes sur l'océan, la serre a été ajoutée à la façade nord afin de constituer un lieu de détente ombragé. Sur le balcon en mezzanine, se trouve un bureau prolongeant la chambre du maître de maison. Les surfaces en bois sont en cèdre laqué gris, mais ont pris ici une teinte bleutée due à la forte luminosité de cette journée d'été. (Architectes : Gwathmey, Siegel & Associates.)

À GAUCHE (BAS) : ce palier carrelé relie les escaliers entre deux étages et fait également office de chauffage solaire passif. En effet, l'air s'échauffe entre les vitres et le mur intérieur absorbant en lourde maçonnerie animée par une riche couleur ocre rouge.

À DROITE (HAUT) : sur une terrasse, qui lui sert aujourd'hui de soubassement, on a monté cette véranda en acier galvanisé, choisie dans un catalogue de modèles préfabriqués. Peindre les profilés est extrêmement simple : il suffit d'étendre une couche d'apprêt puis deux couches de laque.

À DROITE (BAS) : les deux étages de cette maison ont été dotés d'une façade en verre teinté et montants en profilés bleus. Des trappes de ventilation supérieures réduisent la chaleur et la condensation intérieures en été. Des jardinières de fleurs la bordent en bas.

UN TOIT DE VERRE AU CŒUR DE LA FORÊT

Cette maison de campagne construite dans le nord de la France reflète la lumière et les arbres qui l'entourent. Avant de commencer à dessiner des plans, l'architecte Thomas Herzog a étudié le terrain sous toutes les coutures et en a pris des centaines de photographies. Puis, il a construit une série de maquettes afin de trouver la forme qui allait s'intégrer au mieux dans cet environnement. Il a finalement opté pour cette maison dont un versant accumule l'énergie. Le matériau idéal est, pour lui aussi, le verre.

À GAUCHE (HAUT ET BAS): que le paysage céleste soit, la nuit, lourd de nuages fuyant à toute allure sous le vent, ou, le jour, moucheté de taches lumineuses, les occupants de cette maison affirment remarquer à peine cette barrière en verre qui les sépare de l'extérieur.

À DROITE (HAUT): une passerelle en bois donne un petit air japonais à la cour intérieure où la chaleur tombe rarement en dessous de 16,5 °C. La température idéale pour des dizaines de plantes !

À DROITE (BAS): la salle à manger peut être installée sur cette plate-forme attenante à la cour. Comme la passerelle, elle est recouverte d'un plancher qui contraste avec le carrelage couleur miel revêtant par ailleurs les sols de la maison.

LA CLAIRVOYANCE DES POUVOIRS PUBLICS

Longtemps après que des architectes européens et américains à l'imagination fertile ont prouvé à quel point le verre pouvait modifier l'apparence des bâtiments publics, les architectes et les urbanistes les plus conservateurs commencent à en découvrir les possibilités dans la réalisation des logements appartenant à l'État.

Au cours des dix ou quinze dernières années, les fonds publics ont été largement investis dans la construction de logements très fonctionnels, à caractère souvent innovateur, où le verre est un matériau essentiel. Habiter une maison à verrières signifie regarder à l'extérieur. Cette situation entraîne une prise de conscience écologique naturelle, beaucoup plus flagrante que chez les résidents coincés entre quatre murs solides. Cela explique sans doute que les constructions, publiques ou privées, intégrant le verre totalement ou partiellement, bénéficient d'un environnement plus attrayant que la moyenne.

À GAUCHE (HAUT) : les occupants de ce lotissement expérimental de 32 appartements (achevés en 1981 dans le sud de la Suède) affirment avoir besoin d'un chauffage auxiliaire pendant une durée de deux mois inférieure à celle de leurs voisins habitant des maisons de type classique. Ils ont en plus le plaisir de faire pousser des plantes et de faire mûrir des tomates, alors même que les premières neiges poudrent le toit en verre.

À GAUCHE (CENTRE) : cette autre réalisation, non moins originale, a aménagé l'espace réservé aux logements dotés d'une véranda, en gradins autour d'un centre commercial. Au premier abord, on songe au flanc d'une colline à Naples ou à une marina en bordure de Méditerranée. Pas du tout ! Ce bâtiment s'élève à Bloomsbury, au cœur de Londres. C'est l'œuvre de Patrick Hodgkinson, et là-bas, on l'appelle « La Serre ».

À GAUCHE (BAS) : vue sur les toits de Paris, inhabituelle cependant, car il s'agit de la réhabilitation d'une rangée de maisons qui tombaient en ruine. Des toits et des façades en verre ombragés ont converti des greniers miteux en extraordinaires ateliers haut perchés.

À DROITE : un immeuble d'appartements à l'assaut du ciel de San Francisco transformé en temple du soleil par le remplacement, sur l'un de ses angles, des murs pleins par des baies vitrées.

ÉNERGIE SOLAIRE

Le prix du gaz, du charbon et du pétrole, ainsi que la pollution qui leur est imputable, ont conduit l'humanité à réfléchir à l'exploitation de nouvelles sources d'énergie pour le chauffage des habitations. Une première approche consiste en une isolation efficace des intérieurs doublée d'une ventilation mécanique.

Une autre concerne le développement de procédés de chauffage à consonance écologique comme l'utilisation de la biomasse, où l'on récupère l'énergie libérée par la décomposition du bois entassé dans le jardin. Ce système est couramment utilisé par des propriétaires de serres d'horticulture. Tous les dix-huit mois environ, ils enfouissent le tas de compost dans la terre et recommencent l'opération avec une nouvelle pile de copeaux.

Mais l'exploitation du rayonnement solaire semble bien être, de toutes les sources naturelles, celle qui est actuellement est la plus acceptable sur un plan économique et la plus facile à mettre en œuvre. Le vitrage double, la feuille de verre extérieure étant métallisée, collecte le rayonnement d'une manière plus efficace que les autres types de vitrage et retient mieux l'air qui s'est échauffé à l'intérieur. On constate immédiatement les avantages présentés par une serre dans le cas d'un chauffage solaire. Son efficacité dépend d'un certain nombre de facteurs dont la surface de réception par rapport à la taille de la maison, l'orientation et l'angle d'inclinaison. Ainsi, dans l'hémisphère Nord, la serre doit être orientée au sud (de 30 à 45° près). Il est plus difficile de calculer exactement l'angle d'inclinaison le plus efficace car l'angle du soleil lui-même varie selon les régions et les saisons. Plus l'angle du toit est aigu, plus la serre profitera d'un apport solaire maximal en hiver (soleil bas).

Le système ne se limite pas au captage des rayons, encore faut-il accumuler la chaleur acquise pour pouvoir chauffer l'ensemble de la maison. C'est pourquoi il est nécessaire de prévoir des masses accumulatrices capables d'absorber le rayonnement solaire, et donc d'éviter la surchauffe à l'intérieur de la serre, puis de le restituer lorsque l'astre fait défaut. Sans système de stockage, la température à l'intérieur de la serre risque de subir des variations considérables. De l'eau dans des conteneurs constitue une forme de stockage simple. Le béton également, de préférence en fondations et en mur de séparation entre la serre et la maison.

Beaucoup de serres sont pourvues d'un système de stockage chimique auxiliaire basé sur l'utilisation de sels fondus le jour et qui, la nuit, émettent de la chaleur en se solidifiant. Le dernier palier d'un chauffage solaire domestique consiste en un système de distribution efficace de l'énergie thermique. Ce système doit réguler la quantité d'air chaud pénétrant dans la maison en hiver, et en sortant, en été. Un certain nombre de moyens manuels et automatiques le permettent tels que les ventilateurs, les fenêtres, les portes et les trappes.

L'énergie solaire n'est pas réservée aux habitants des campagnes ou aux propriétaires de grands jardins. Les vérandas sur les toits des immeubles se multiplient dans le paysage urbain. Outre les avantages propres aux serres, elles peuvent recycler l'air des conduits d'aération des immeubles, réduisant ainsi la déperdition de chaleur par le toit et évitant par la même occasion la pollution de l'environnement.

La serre est un système passif de chauffage solaire. Les systèmes actifs mettent en œuvre des panneaux solaires qui absorbent le rayonnement et le transmettent à un fluide caloporteur (de l'eau) qui circule dans des tuyaux. Une pompe à faible consommation met l'eau en mouvement. Cependant des expériences récentes ont été effectuées avec des panneaux solaires sans adjonction de systèmes électriques.

Le rapport performance-prix d'un système de chauffage solaire dépend du moyen terme à trouver entre l'investissement initial et les dépenses ultérieures, entre l'installation spécifique et les objectifs à atteindre (par exemple les proportions respectives de chauffage assuré par énergie solaire et par un autre dispositif). En conséquence, un grand nombre d'aspects techniques restent encore assez obscurs pour le commun des mortels. Il faudra sans doute encore quelque temps avant que le chauffage solaire devienne un système universellement accepté et utilisé.

D'ici là, la serre familiale restera le moyen le plus pratique, et le plus attrayant, de conserver au moins partiellement la chaleur solaire.

À DROITE : voici le principe d'un dispositif de chauffage solaire moderne.

1. Orientation : *pour recevoir un ensoleillement maximal, une serre à double vitrage doit être orientée à 30° sud maximum (vers l'est ou vers l'ouest). Le vitrage triple permet un décalage plus grand par rapport au sud.*

2. Vitrage : *un vitrage vertical permet un ensoleillement maximal en hiver. Utiliser un vitrage double ou triple réfléchissant, des profilés à rupture de ponts thermiques et des joints d'étanchéité de bonne qualité. Des matériaux de synthèse peuvent être utilisés en toiture car ils sont résistants. Les portes doivent également être parfaitement étanches à l'air.*

3. Stores : *utiliser des stores pour occulter le toit et les parois afin d'ombrager la serre l'été et d'éviter une trop grande déperdition de chaleur au cours de la nuit.*

4. Ventilation supérieure : *une trappe de ventilation supérieure régulée par thermostat évitera les surchauffes de la serre pendant l'été.*

5. Absorption de la chaleur et conduction vers l'intérieur de la maison : *le mur en béton (ou en maçonnerie) et le sol absorbent la chaleur pendant la journée et la restituent sous forme de rayonnement à la serre et aux pièces attenantes. Les ouvertures pratiquées dans le mur, qui conduisent la chaleur dans la maison pendant la journée, doivent être fermées pour la nuit.*

6. Effet de serre : *l'air chaud produit par le rayonnement solaire et celui du mur est récupéré en partie haute.*

7. Distribution : *l'air chaud passe soit directement dans la pièce à chauffer par l'intermédiaire d'un collecteur d'admission ou d'un conduit en partie haute, soit dans le système de stockage grâce à un circulateur.*

8. Stockage : *sous forme d'un lit de roches ou de conteneurs remplis d'eau, le dispositif de stockage emmagasine la chaleur et la restitue lorsque la température tombe.*

9. Rappel de chaleur : *le circulateur qui met l'air chaud en mouvement vers le système de stockage pendant la journée peut être inversé pour la nuit.*

4
1
3
7
3
6
6
2
5
6
5
9
8

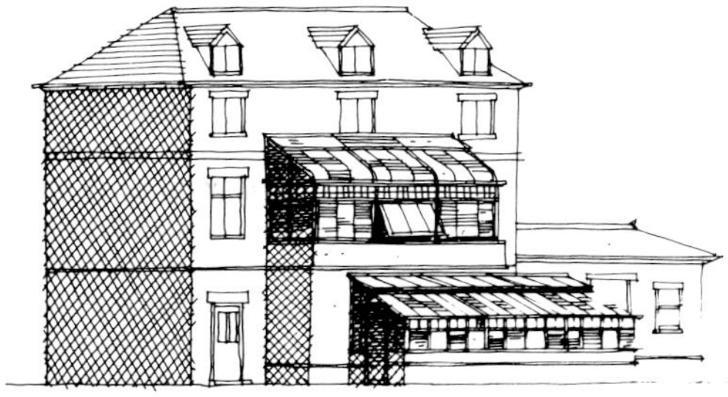

LA DÉCORATION DES JARDINS D'HIVER

Les plantes, sans aucun doute, « meublent » une pièce. Vérandas et jardins sont, à ce titre, particulièrement gratifiants à décorer, car les plantes y dessinent un cadre valorisant les meubles qu'on y installe. Quelle que soit leur fonction, il faut tenir compte d'un facteur essentiel lors du choix du mobilier et des accessoires : la sensibilité à l'humidité. Les meubles vernis ou cirés ne résisteront pas à un arrosage, même occasionnel. À moins d'être prêt à les déménager à chaque arrosage et à les protéger de l'ardeur du soleil, il vaut mieux laisser ces bois précieux à l'abri des pièces attenantes.

Sièges et tables, sols et étagères, pots, supports et appliques doivent donner une impression de naturel. On favorisera la fantaisie, plutôt que la géométrie et préférera une touche rustique au style rococo. Le rotin, le fer, la pierre et la brique sont des matériaux idéals. Le bois, s'il est utilisé, doit être imputrescible (teck, par exemple) ou recouvert de plusieurs couches de peinture. Jamais de plastique pour empoter les plantes, mais des pots en terre cuite et des jardinières en céramique.

On trouve encore aujourd'hui des piédestaux de la fin du siècle dernier. Certains sont de véritables guéridons servant à mettre en valeur les plantes et les fougères. D'autres sont semi-circulaires pour s'appuyer contre un mur ou triangulaires pour occuper une encoignure. L'industrie moderne reproduit largement les meubles et accessoires rétros, en aluminium cette fois.

À GAUCHE : cet escalier vert, style XIXe siècle, relie les deux niveaux d'une véranda contemporaine recouvrant une salle de bains, un vestibule et un salon d'été.

MOBILIER

Les sièges et les sofas les plus adaptés à la serre sont en osier, en rotin, en teck, en fer ou en aluminium, mais ils gagnent en confort à être rembourrés ou garnis de coussins. Certes, les tissus fleuris et autres chintz ne font pas un mauvais effet dans la serre, mais les tissus unis, comme la toile naturelle, sont de loin préférables car ils ne concurrencent pas les fleurs réelles et s'en trouvent mis en valeur.

Le rotin ressemble au bambou, mais n'a pas ses « nœuds » caractéristiques. Le fauteuil baquet en rotin est assez courant et confortable de même que le canapé à rouleaux.

L'osier est également un matériau parfaitement adapté à la serre, mais, laissé naturel, il est très salissant. On le lave certes facilement avec de l'eau chaude savonneuse, mais il est plus pratique sans doute de le peindre, de préférence en vert soutenu. Une couche de laque couleur miel doublée d'un vernis moyen fera aussi très bel effet. Le siège en osier le plus simple ressemble à une corbeille ronde qu'on aurait retournée et pourvue d'un solide dossier.

Le traditionnel banc de bois prend les formes les plus diverses, dont la plus sobre, lignes droites adoucies par des coussins, est aussi la plus belle. Les bancs en teck sont traités ou laqués. La classique chaise de jardin est disponible en lames de châtaignier tressées. Les sièges pliants en bois et les fauteuils en toile, style metteur en scène, feront également très bien l'affaire à peu de frais, mais attention à la chute ! on ne s'y adosse qu'à ses risques et périls.

Le mobilier Lloyd Loom, en moelle de rotin, constitue un bon compromis entre le siège de table et le fauteuil. D'une facture très courante au cours de la décennie 1930 (on peut le voir, reconnaissable à sa couleur or fané, sur toutes les photos de palace de cette époque), on le trouve facilement chez les brocanteurs. Repeints en couleurs primaires vives ou en fraîcheurs pastel, ils sont les sièges de serre par excellence.

Le lit de campagne reconverti en meuble de serre est également une idée originale. Généralement en fonte et doté d'un sommier en lattes d'acier entrelacées, il n'a besoin souvent que d'un nouveau matelas.

Le plateau de la table doit être particulièrement résistant pour garder fière allure en dépit de la chaleur, du rayonnement solaire, de l'eau, de la cire de bougie et des « accidents » (vinaigrette, vin renversés...). Les modèles ne manquent pas, en bois lamellé (teck, iroko, chêne) ou à piètement en osier et plateau en verre. Plus originale, la plaque de marbre ou d'ardoise polie sur piètement en métal.

En conclusion, disons que meubler une serre se réduit à l'essentiel exigé par le confort ou les repas, car les serres bien « plantées » n'ont à vrai dire pas besoin d'être embellies.

CI-DESSUS ET À GAUCHE : Sir Cecil Beaton, dernier du nom, designer et photographe célèbre, adorait le côté théâtral du jardin d'hiver. Un grand nombre de ses créations, en particulier des photos de mode et des portraits de femmes, sont nées ici, dans cette pièce qu'il a fait ajouter à sa maison de campagne en 1962. Jusqu'à sa mort, en 1980, Sir Cecil y servait souvent l'apéritif à ses hôtes au milieu d'une profusion de fleurs venant de la serre de multiplication toute proche. Les meubles étaient plus élégants que confortables. Les invités qui se sont assis sur les sièges en porcelaine chinoise ou sur les copies de Mackintosh pourront en témoigner. Sur la photo en extérieur, Sir Cecil, soi-même, se tient dans l'embrasure de la porte.

SUPPORTS ET ÉTAGÈRES

Les plantes peuvent être posées sur des tablettes en bois dur, en métal galvanisé ou tout autre matériau entrant dans la construction de la serre. Ainsi, une structure en tuyaux galvanisés s'assortira très bien avec un treillage d'acier que l'on camouflera, pour des raisons esthétiques, sous une bordure en bois.

Quant aux sellettes décoratives, il n'en manque pas et on se les procure aisément. De style rétro, elles seront à leur place dans une serre traditionnelle.

À GAUCHE (HAUT) : dans cette serre bâtie en 1910 environ, les plantes sont posées sur une étagère curviligne en béton armé, qui est également le matériau du soubassement. Un tissu, sous une couche de gravier, maintient l'humidité des pots par capillarité.

À GAUCHE (CENTRE) : étagère blanche en bois dur assortie aux montants du vitrage.

À GAUCHE (BAS) : les étagères en bois superposées et le présentoir central ont été teintés en couleur sombre pour s'assortir avec le bois des chaises et de la table.

À DROITE : sellette à trois bancs superposés laqué blanc.

CONSOLES, POTS ET ÉLÉMENTS DÉCORATIFS

Les pots en matière plastique n'ont pas leur place dans une serre, qu'elle soit moderne ou traditionnelle. Non seulement ils sont laids, mais ils sont nocifs pour les plantes, car ils entravent l'évaporation et le drainage. Les pots en terre cuite, en revanche, entièrement ou partiellement enfouis dans du compost ou des graviers, absorbent et redonnent l'humidité grâce à leur porosité naturelle, et sont ainsi garants de la beauté des plantes.

Les consoles, crochets et supports ne doivent pas occulter les plantes. La simplicité est de mise pour eux. Une simple étagère rétro un peu rouillée ou une jardinière en terre cuite aux formes bizarres rendront souvent l'atmosphère plus charmante qu'une collection de céramiques modernes.

À GAUCHE ET À DROITE : beaucoup de fantaisie dans la décoration de cette serre de la fin du XIXe siècle. Les coquillages et les fossiles ont été dégagés des gravats d'une grotte effondrée dans le jardin. Le poêle en fonte réchauffe le décor par son seul pouvoir décoratif. De nombreuses statues et poteries jouent à cache-cache parmi les fleurs et les plantes. Le cissus, le bégonia, la gloxinia, le mimosa, plusieurs variétés de géranium et le laurier-rose y sont représentés.

STORES ET JALOUSIES

En plein été, une serre, même bien aérée, prend vite des allures de four si l'on ne prévoit pas un système d'occultation des verrières. Du volet roulant en aluminium au store en coton ou en toile traitée, il existe dans le commerce une gamme très étendue de systèmes que l'on installe une fois pour toutes. L'important, c'est la résistance à l'humidité. Cela n'interdit pas de vouloir créer une ambiance plus proche de celle d'une salle de séjour en accrochant des rideaux classiques, quitte à les remplacer régulièrement. Mais il y a beaucoup moins onéreux que les stores ou les rideaux. La toile d'ombrage en polyéthylène, par exemple, ou le blanc d'Espagne à pulvériser sur le vitrage dès que l'intensité lumineuse augmente.

CI-DESSUS : *une voûte en verre prolonge la courbe d'une superbe pièce-jardin. Les stores à enroulage rayés bleu et blanc ajoutent une touche de couleur supplémentaire au décor déjà très original.*

À GAUCHE (HAUT) : *l'étroit balcon d'un appartement est ombragé par des toiles légères coulissant le long du plafond. Ce balcon a été reconverti en véranda-salle à manger, où tiennent juste la table et les chaises en teck.*

À GAUCHE (BAS) : *dans un atelier d'artiste, de la dentelle de coton habille la partie inférieure des vitres, laissant libre la vue sur les toits parisiens.*

À DROITE : *le dernier étage de cette serre sur deux niveaux (Languedoc) correspond à la chambre principale. Des claies en paille de riz laquées blanc la protège des rayons puissants du soleil du Midi.*

À GAUCHE (HAUT): des jalousies blanches ombragent cette véranda toute blanche également, qui ouvre sur une terrasse envahie par les plantes. Seule la présence de la Tour Eiffel dévoile l'implantation urbaine de ce coin charmant qu'on aurait volontiers situé à la campagne.

À GAUCHE (BAS): des claies rustiques en lamelles de bambou dessinent un joli motif strié sur les murs et le sol.

À DROITE (HAUT): les gens ont la préséance sur les plantes dans cette serre reconvertie en petit salon (Londres). Les rideaux en coton à ruchés sont assortis aux coussins et à la nappe (créations Laura Ashley). Le soir, les suspensions s'illuminent de bougies allumées.

À DROITE (BAS): la vigne, palissée sous le toit, dispense une ombre tachetée de lumière en été. En hiver, ayant perdu ses feuilles, elle ne gêne pas le passage de la lumière.

REVÊTEMENTS DE SOL

Le choix du revêtement de sol doit rester dans des proportions plus classiques que celui du mobilier, qui, du gothique au colonial, peut se permettre toutes les excentricités. Le plancher est à déconseiller car il se déforme sous l'action de l'humidité et de la chaleur. Il vaut mieux choisir le carrelage, le dallage en pierre ou le revêtement en brique. Il est possible de dessiner des motifs très originaux en s'inspirant de ceux qui ornent les bâtiments dédiés à la fraîcheur (des églises aux maisons méditerranéennes). Les sols de certaines églises de la fin du XIXe siècle, véritables patchworks de mosaïques et de formes géométriques, sont aujourd'hui copiés par certains spécialistes en revêtement de sol.

Le marbre reste une valeur sûre si l'on considère son impact visuel et sa fraîcheur. Le travertin se trouve facilement en dalles lisses (au naturel, cette roche est pleine de cavités). Les plaques d'ardoise sont également très belles, mais elles sont plus rares et plus chères. Aussi peut-on se tourner vers les dalles en béton, qui, bien cirées, finissent par en prendre l'apparence.

Pour les serres plus rustiques, on choisira plutôt dans une gamme de carrelages, ou, encore mieux, de carreaux en terre cuite, disponibles dans une multitude de tailles et de formes.

Laver à grande eau permet de rafraîchir et la pièce et les plantes. Dans ce cas, il faut prévoir une légère pente conduisant à une grille d'évacuation. Si d'aucuns par hasard étaient tentés de transformer leur sol en dentelle de fer forgé, comme dans les Jardins de Kew, qu'ils préviennent leurs visiteuses : c'est un piège redoutable pour les porteuses de talons hauts !

À GAUCHE (HAUT) : *la lueur foncée de l'ardoise contraste avec les briques moussues de l'extérieur.*

À GAUCHE (BAS) : *les incrustations noires donnent du relief à ces grands carreaux couleur crème.*

À DROITE, *en haut de gauche à droite : appareillage de brique en « vannerie », carrelage style victorien, dallage terre cuite. Au centre de gauche à droite : mosaïque, gravier, brique. Ci-contre de gauche à droite : plancher, dallage céramique blanc cassé, pelouse synthétique.*

À GAUCHE (HAUT): dans les extensions vitrées destinées à augmenter l'espace habitable, on pourra étendre sur le sol des tapis en fibres naturelles (coco ou sisal) très agréables.

À GAUCHE (BAS): des carreaux non émaillés bicolores dessinent un motif intéressant, réhaussé par la présence de grilles en fer ajouré.

À DROITE: classique, mais non sans charme, le dessin en diamant des carreaux blancs et noirs élargit, par illusion d'optique, la largeur de cette véranda en appentis.

presque un mètre, sont bipennées. Les frondes externes sont stériles, les frondes internes sont fertiles et possèdent chacune deux segments, l'un fertile, c'est l'épi porteur de sporanges groupés sur eux-mêmes en massifs arrondis (les sores), l'autre stérile. Leurs frondes, comme celles des autres grandes fougères, sont enroulées en crosse d'évêque à l'état jeune et sont d'une beauté fascinante. L'osmonde apprécie un compost de terreau et de tourbe et une lumière atténuée. Elle ne craint pas les parasites, mais peut être très sensible aux insecticides vaporisés sur les autres plantes.

La capillaire cheveu-de-Vénus du genre *Adiantum,* ou botaniquement parlant *A. capillus-veneris,* est une autre fougère très populaire. Georges Nicholson, dans son « Illustrated dictionary of gardening » paru en 1884, en décrit 78 espèces. On peut se procurer plusieurs autres espèces chez les bons pépiniéristes ou chez les spécialistes en fougères : *A. hispidulum, A. tenerum* ou *A. venustum* par exemple. Elles ont toutes besoin d'une atmosphère humide et se satisfont d'un compost à base de tourbe du commerce. Placées en pots ou en bordures, il leur faut peu de lumière. Ce sont les plantes idéales pour une serre orientée au nord. Si la serre est trop ensoleillée pour elles, il est possible de les planter sous des étagères à claire-voie. La multiplication s'effectue par division ou par semis de spores au printemps. En plaçant des pots contenant un substrat approprié à côté des fougères, les spores se sèment toutes seules et bientôt les premières plantules apparaissent.

*À DROITE (HAUT) : l'*Antirrhinum majus *(gueules-de-loup) aux couleurs vives.*

À DROITE (BAS) : une touffe d'oiseaux de paradis (Strelitzia reginae) *se presse à l'extrémité d'une petite serre.*

Une vigne, plantée à l'extérieur de la serre, a été introduite à l'intérieur par un trou dans la paroi. Elle grimpe entre les étagères et serpente en suivant les fils tendus entre les montants du toit.

Rosiers grimpants : Banksiae lutea, Maréchal Niel, Niphetos.

Pelargonium zonale, regal et autres en pots. Grand choix.

Narcissus, nombreuses espèces et variétés.

Fougères sous les étagères.

Pots faits à la main contenant des lis et des fuchsias.

Plusieurs espèces de lis sont plantées dans un même pot ou bac. Le résultat fait de l'effet à condition que toutes fleurissent en même temps. La plupart des lis doivent être tuteurés.

Belles-de-jour en pots et tuteurées.

Narcisses en pots sur une table.

Fougère dans une corbeille suspendue.

Passiflora caerulea est la seule du genre à pouvoir vivre en serre froide. Même comportement que Jasminum, mais feuilles caduques. Très vigoureuse, ses vrilles s'accrochent à tous les supports.

Jasminum polyanthum grimpe tout en haut de la serre et redescend en cascade. Feuillage persistant. Très vigoureux.

Camélias en plate-bande : aiment la fraîcheur et l'ombre. Nombreux coloris (variantes de blanc, rose, rouge).

Plate-bande surélévée maintenue par maçonnerie.

Fuchsia sur tige : nombreuses variétés.

Thunbergia en pots et tuteurée.

Osmunda regalis en plate-bande. Très sensible aux pesticides.

Primevères en pots sur des étagères.

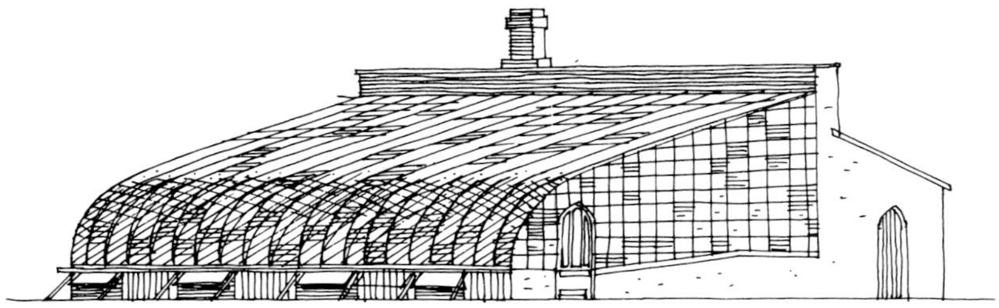

LA SERRE CHAUDE

La serre chaude est plus adaptée au confort des personnes qu'à celui des plantes, aussi faudra-t-il n'y placer que des végétaux supportant la chaleur sèche d'une pièce chauffée en hiver (avec une légère chute de température pendant la nuit) et un fort ensoleillement en été. Toutefois, les plantes de climat tempéré s'accommodent mieux d'une température diurne constante de 19 °C pendant toute l'année, d'une humidité ambiante de 50 % et d'un ensoleillement plutôt indirect. Fort heureusement, il existe des moyens de les adapter à une serre chaude et de n'être ainsi pas obligé de supporter la demi-pénombre humide d'une serre tropicale.

En les groupant par exemple, on leur permet de partager l'humidité de leur propre transpiration. De même, en arrosant de temps en temps les tuyaux de chauffage central (lorsqu'il y en a), on élève le niveau hygrométrique ambiant pour leur plus grand bonheur. Il y a par ailleurs dans toutes les serres des endroits plus frais que d'autres où certaines plantes se plairont mieux. Les fougères, notamment, s'acclimatent mieux dans les parties exposées au nord. En revanche, les plantes à feuillage panaché, exigeant beaucoup de lumière, prospéreront mieux face à l'ouest.

Un système de chauffage réglé par thermostat permet de maintenir une bonne température nocturne pour les plantes (environ 12 °C), tout en réduisant éventuellement celle des autres pièces de la maison.

Plus confortable pour les habitants, plus difficile à gouverner et plus chère aussi, la serre chaude permet en retour de cultiver un plus grand nombre d'espèces. À une température nocturne minimale de 18 à 23 °C, il devient possible de goûter le parfum enivrant du *Gardenia jasminoides*, de cueillir sur l'arbre oranges, citrons et limes et d'admirer la luxuriance tropicale des fougères et des palmiers. *Howea forsterana* (ou *Kentia*) est l'un des palmiers les plus spectaculaires, très prisé dans les salons des années 1930, où il se dressait souvent à côté d'un orchestre.

À GAUCHE : dans la serre du château Howard (Yorkshire, G.-B.) poussent des arums, des palmiers et des plantes grasses, tous grands amateurs de chaleur.

Il faut donc à ces palmiers mélomanes, de l'ombre, beaucoup d'eau en été et de douces symphonies. *Dicksonia antarctica* est une fougère arborescente, dont les frondes peuvent atteindre, lentement, 1,80 m si on leur procure de l'espace, de l'ombre et beaucoup d'humidité. Elles s'étalent alors, vert tendre et finement découpées (elles s'acclimatent également en serre froide). *Davallia,* une autre fougère, émet des rhizomes bruns et pelucheux qui en font une plante intéressante à suspendre dans une corbeille décorée de sphaigne. *Cyperus papyrus* grandit très vite et touchera le toit de la serre en quelques années seulement. Il est pratiquement impossible de le pulvériser entièrement en été. À cultiver en pots dans une terre riche sans couche drainante. Donner de l'engrais en cours de croissance.

La serre, humide et bien chauffée, sera le paradis pour les espèces grimpantes à croissance rapide d'Amérique du Sud, d'Afrique ou d'Asie, dont les fleurs éclatantes s'épanouiront à merveille. Les fleurs de *Bougainvillea* sont toutes petites mais entourées de bractées en forme de petites feuilles couleur magenta ou lilas. *B. speciosa* est une variété très connue. Très vigoureuse, elle porte cependant des épines. Planter toutes les bougainvillées en pot de terre ou en plate-bande bien drainée recouverte d'une couche de morceaux de briques ou de tessons de pots. *Passiflora caerulea* est une liane grimpante aux fleurs lavande et blanc très complexes. C'est à elles d'ailleurs qu'elle doit son nom commun « fleur de la passion ». Ses fleurs présentent en effet une fausse corolle formée d'une couronne de longs cils qui rappelle la couronne d'épines du Christ. *P. quadrangularis* porte des fleurs à corolle cramoisie et fausse corolle formée de filaments rayés marron et blanc. *P. edulis* donne des fruits savoureux. Sa fleur est aussi étrange et belle que la fleur volantée écarlate et or de *Gloriosa rothschildiana* ou jaune citron et rouge de *G. citrina.* Ces lianes à tiges volubiles ont des feuilles prolongées en griffes avec lesquelles elles s'accrochent facilement, à un fil tendu par exemple. Elles se multiplient aisément par semis à haute température.

Stephanotis floribunda, aux grappes de fleurs virginales et au doux parfum de jasmin, et *Mandevillea splendens,* aux grandes fleurs roses et au feuillage persistant brillant et foncé, sont deux autres grimpantes qui viennent parfaitement en pot ou en plate-bande. *M. suaveolens,* aux feuilles en forme de cœur et aux fleurs blanches délicieusement parfumées, préfère, quant à elle, escalader un treillage. Toutes ont besoin de chaleur et d'un arrosage copieux en été.

Les arbustes « meublent » bien les serres. *Plumbago auriculata* est un arbuste grimpant envahissant aux fleurs bleu clair groupées en inflorescences hémisphériques. Il faut l'arroser énormément en été. Cet arbuste vit très bien en serre froide également. *Nerium oleander,* le laurier-rose, est un arbrisseau à croissance lente et à feuilles persistantes. Il fleurit tout l'été en bouquets de fleurs parfumées, simples ou doubles, rouges, roses ou blanches (ses feuilles sont toxiques). S'adapte en serre froide également. *Datura (Brugmansia),* aux immenses fleurs blanches pendantes en forme d'entonnoir allongé, vient très bien en plate-bande, si elle est taillée en hiver et nourrie en été avec du fumier liquide (pour en obtenir, prendre du fumier solide et le faire infuser dans un tonneau d'eau de pluie). *D. arborea* (aux feuilles toxiques), *D. wrightii* et *D. suaveolens* sont très parfumées et ont fière allure. *D. sanguinea* porte des fleurs retombantes jaune et rouge. Les araignées rouges adorent aussi les daturas, malheureusement !

Un certain nombre de bulbes particulièrement exotiques sont dignes d'attention. *Zanthedeschia aethiopica* par exemple, plus connu sous le nom d'arum, présente une spathe blanche et charnue enroulée autour d'un spadice jaune. Il a besoin de beaucoup de lumière et d'eau. Réduire l'arrosage lorsque les fleurs sont fanées. *Vallota speciosa* porte de brillantes fleurs écarlates en forme de cornet sur de longues tiges. Un arrosage moyen mais beaucoup de chaleur lui sont nécessaires. Tous deux s'adaptent également aux endroits les plus chauds d'une serre froide.

Toujours dans la famille des lis, les *Agapanthus.* Bien arrosés, ils poussent facilement et ne sont pas trop exigeants sur la température. Au bout de leurs longues tiges, raides comme des baguettes de tambour, ils portent des fleurs bleues en ombelle.

Ces plantes à bulbes, qui sont toutes assez grandes, seront mises en valeur par de verts saxifrages et des sédums plantés à leurs pieds.

Le vrai plaisir de la serre chaude, c'est de conduire en pots ou en bacs ces agrumes, qui, si la température est suffisamment élevée, finiront par donner des fruits. Les citronniers poussent facilement à partir de graines. Une des variétés les plus robustes est Meyer, qui ne poussera cependant pas à moins de 15 °C. Le kumquat *(Fortunella),* grâce à des soins attentifs, donnera des fruits toute l'année. Son feuillage vert foncé et ses minuscules oranges ovales en font un arbrisseau très décoratif. Les citrus suivants sont également très intéressants à cultiver : *C. aurantium* (bigarade), *C. paridisi* (pamplemousse), *C. nobilis* (mandarine), *C. sinensis* (orange douce) et *C. aurantifolia* (lime).

Selon la place disponible, d'autres plantations joindront l'utile à l'agréable. La marjolaine, par exemple, qui entre dans de nombreuses préparations culinaires et qui dégage en outre un délicieux parfum. Mais aussi la sauge, le thym, la menthe et le persil. Certains légumes sont également décoratifs : aubergines, poivrons, courges, tomates. Les haricots à rames prennent beaucoup de place mais les fraises se contentent d'un tonneau ou de plusieurs pots étagés.

À DROITE : sous la toile d'araignée délicate du dôme de Kibble Palace dans les Jardins botaniques de Glasgow (G.-B.) s'étend une forêt des fougères tropicales.

Musa cavendishii devient très grand, a besoin d'un sol riche et de beaucoup d'eau. À planter dans un pot de très grande taille ou dans un baquet en bois.
Passiflore grimpant le long des fils tendus entre les colonnes.
Stores sur le toit.
Mandevillea splendens.
Gloriosa rothschildiana, lis grimpant ayant besoin de tuteurs.
Coffea arabica.
Étagère en bois brut supportée par les piliers en fonte.
Différentes variétés de fougères s'accommoderont très bien de la pénombre sous les étagères à claire-voie.
Arum.
Howea forsterana préfère l'ombre.

Colonnes et motifs décoratifs en fonte ajourée.

Arroser les plantes de préférence avec de l'eau de pluie. Le tuyau de descente des gouttières peut conduire l'eau à une citerne.

Le papyrus grandit beaucoup et doit être planté dans un sol riche, en très grand pot ou en baquet.
Arroser beaucoup.

Les plumbagos poussent vite et de manière anarchique. Il faut les palisser sur des fils ou un treillage.

Dans un endroit peu ensoleillé, on peut planter des Helxine soleirolii qui, en rampant, couvriront le sol nu.

Un baquet fait très bien office de conteneur.

Revêtement : petits carreaux formant motif géométrique.

Dicksonia antarctica doit être placée à l'ombre. Très sensible aux pesticides.

HARMONIES SUBTILES

Certains propriétaires de serre harmonisent les couleurs avec une précision scientifique favorisant soit le blanc, soit toutes les nuances de bleu et de rose ou encore arrangeant des mélanges subtils en contrepoint aux couleurs des autres pièces de leur maison. D'autres, forts du principe que les couleurs dans la nature ne se heurtent jamais, laissent les fleurs pousser à leur guise.

À GAUCHE (HAUT) : cette étagère est submergée de plantes florifères multicolores : pélargoniums magenta, schizantus multicolores en dégradés de rose et d'orange, calcéolaire écarlate et bégonias luxuriants en suspension.

À GAUCHE (CENTRE) : une lisière de simples marguerites souligne bégonias, fuchsias et piments de Noël.

À GAUCHE (BAS) : au premier plan dominent les cyclamens, blanc et rose, le tabac (Nicotiana), *l'ail florifère, les primevères et les coucous jaune vif.*

À DROITE : des géraniums ont envahi ce mur ensoleillé. Ces sujets ont déjà quatre ou cinq ans.

MOMMERSTEEG

PLAISIRS DU REMPOTAGE

Après s'être bien défoulé à casser les vieux pots qui serviront de couche drainante pour les nouveaux, place à l'art délicat du rempotage ! D'abord, détacher délicatement la motte du pot, la secouer un peu pour faire tomber la vieille terre et la placer dans un nouveau pot sur une couche de tourbe fleurant bon le champignon. Puis, combler les vides avec de la terre neuve et tasser fortement. Enfin, arroser légèrement. Voilà, la plante a pris possession de son nouveau logis. Il y a peu d'activités aussi bénéfiques pour l'âme qu'un peu de rempotage !

À GAUCHE : si la serre offre des plaisirs divins, le rempotage ramène à des joies plus terrestres. Dans un petit coin envahi par les toiles d'araignées, les sacs de tourbe et les pots empilés en équilibre instable attendent le rituel du rempotage, thérapeutique administrée à toute plante qui souffre de son pot devenu trop petit.

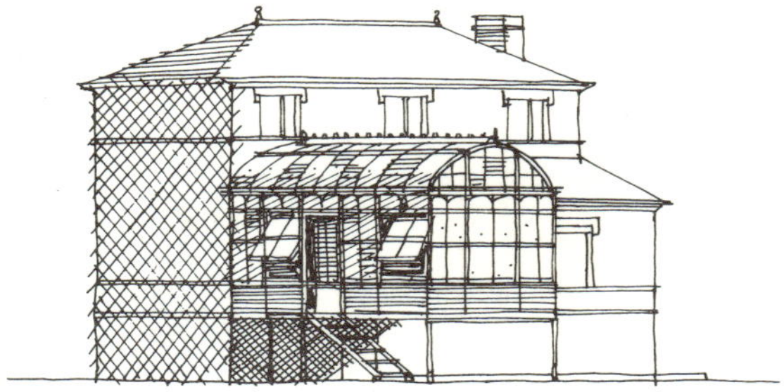

CHOISIR SON STYLE

Ce chapitre a pour but de fournir des indications et des conseils pratiques pour la construction d'une serre. Il est conseillé de les lire et de les suivre attentivement. Toutefois, il est préférable de consulter un homme de l'art si l'on souhaite adapter les créations décrites par ailleurs dans le livre.

L'emplacement et l'orientation sont sans doute les deux points essentiels à considérer lorsque l'on entreprend de construire une serre. En effet, la serre idéale doit être ensoleillée pendant la plus grande partie de la journée. Ainsi sera-t-elle chauffée gratuitement pendant plusieurs mois. Il en sera de même pour les pièces attenantes grâce à une gestion judicieuse de la circulation de l'air, le plus simple des moyens étant d'ouvrir et de fermer les portes de communication en fonction de l'heure et de la saison. Des systèmes plus élaborés mettent en œuvre des ventilateurs, des conduits, des vitrages doubles ainsi que des dispositifs de chauffage et de ventilation supplémentaires par temps très froid ou très chaud.

Ensuite, il faut étudier l'accès à la serre et la fonction qu'on souhaite lui attribuer. Il importe peu que ce « piège à soleil » soit splendide en soi, s'il n'est pas relié d'une manière fonctionnelle au reste de la maison. Les serres sont souvent mises à contribution pour les repas ou les réceptions. Il est donc essentiel qu'elles soient implantées à proximité de la cuisine et de la salle de séjour et que l'accès en soit facilité. Les invités évoluant de toute façon dans son périmètre, il est pratique d'y installer une table pour poser les boissons et de prévoir un petit réfrigérateur soit à l'intérieur, soit à proximité.

Bien que relégué en fin de chapitre, le style architectural du bâtiment principal ne doit pas être totalement négligé. La serre cependant permet toutes les fantaisies.

À GAUCHE : bien que rajoutée trois siècles plus tard, cette serre préfabriquée s'harmonise parfaitement au style plus ou moins gothique de ce manoir de la fin du XVIIe siècle.

Comme elle n'interrompt aucunement les flux de lumière ou d'air, il n'est pas impératif, à l'exception de la serre adossée, qu'elle soit absolument en accord avec la maison. Elle peut fort bien exprimer son propre style tout en ménageant un accès à la maison par tout moyen utile. La liberté du style sera d'autant plus grande que la serre sera libérée des contraintes imposées par son bâtiment d'appui.

Il est important de réfléchir à l'effet produit par l'implantation d'une serre sur un jardin ou une cour existants. Bien qu'elle soit transparente pour une grande part, elle occasionnera une division supplémentaire de l'espace, risquant peut-être de réduire le jardin à la portion congrue. Il faut envisager dans ce cas soit de construire une serre plus petite, soit d'englober dans sa structure le jardin tout entier.

Pour connaître la taille optimale d'une serre, on admet en règle générale que pour obtenir une température moyenne de 20 à 22 °C, il faut 1 mètre carré de vitrage pour un volume de 4 mètres cubes, calcul fondé sur la différence entre la quantité de chaleur gagnée dans la journée et reperdue au cours de la nuit. L'unanimité est loin d'être faite sur le meilleur matériau à employer pour la structure et ce sont en général des critères esthétiques qui l'emportent. Pour ce qui concerne la conservation de la chaleur, le bois est plus isolant que l'aluminium, mais ce dernier prend l'avantage lorsque l'on met en avant la légèreté et la durée de vie.

À DROITE : de nombreux modèles de serres préfabriquées sont commercialisés en kit. Cependant, il est parfois préférable d'avoir recours à un professionnel, car la plupart des vieux bâtiments présentent des dénivellations et des angles irréguliers qui compliquent l'assemblage.

EMPLACEMENT ET ORIENTATION

Une maison rectangulaire, qui est la forme la moins contraignante, laisse un grand choix de possibilités d'emplacement. En premier lieu, il faut choisir la meilleure orientation, puis considérer le style. Si l'on raisonne en puriste, la meilleure orientation impose l'alignement de l'axe central sur une ligne nord-est/sud-ouest, de telle sorte que la serre soit entièrement exposée au sud-est. Cependant, sachant que le positionnement de la serre par rapport au jardin est également très important, il est possible de décaler légèrement cet axe afin d'éviter un déséquilibre inacceptable de l'espace.

La serre placée dans un coin présente des avantages économiques. En effet, il n'y a que deux parois à monter. En termes de gestion de l'espace, un plus grand nombre de pièces peuvent ouvrir sur la serre et celle-ci peut servir de liaison entre ces différents volumes. La maison bénéficie également plus de l'énergie solaire passive, puisque la surface de contact est plus grande. Si l'orientation est correcte, l'énergie solaire captée dans un coin se révèle phénoménale et le refroidissement moins rapide du fait de la situation protégée.

Dans ce cas de figure, aucun mur droit ne pouvant véritablement servir d'appui, il est bon d'envisager un emplacement plus indépendant. Un ensoleillement solaire maximal et un style d'architecture original en sont les avantages, les inconvénients étant l'augmentation des matériaux nécessaires à la construction et un moindre apport calorique au bâtiment principal.

Les serres en appentis sont économiques et retiennent bien la chaleur si elles sont correctement orientées. Cependant, elles s'adaptent moins facilement que les structures plus autoporteuses.

Les structures adossées qui dépendent d'un, voire de deux murs d'appui, réduisent considérablement le choix d'implantation.

Lorsque le mur adéquat fait défaut, la serre à un versant s'appuiera sur un mur solide construit spécialement pour elle.

Bien que ce soit la solution la plus facile et la plus évidente, la serre sera peu ensoleillée le matin.

Du point de vue de l'orientation, cet emplacement est plus satisfaisant, malheureusement la serre fait face à la clôture du jardin !

La meilleure solution est d'aligner l'axe de la serre parallèlement au pignon de la maison. Il est possible d'ailleurs de la faire dépasser légèrement afin d'ouvrir le champ de vision vers le nord-ouest.

Certaines constructions ont tellement de caractère qu'il vaut mieux construire la serre un peu à l'écart en lui donnant délibérément un style très différent.

Si la serre est implantée légèrement à l'écart du bâtiment principal, un passage couvert ou un chemin d'accès permettent de créer un lien entre les styles et les époques différents.

L'emplacement et l'architecture sont très liés. Une serre adossée est souvent la forme complémentaire la plus pratique et la plus belle d'un mur tout en longueur. Ainsi, appuyée à la longue façade d'une maison en pierre, la serre est, en outre, assise sur un soubassement également en pierre afin de créer une connivence de style.

L'adjonction d'une toiture vitrée transforme une pièce en serre à peu de frais et sans gros travaux. L'espace intérieur s'en trouve agrandi et l'apport supplémentaire en lumière est considérable.

La serre peut servir à relier deux bâtiments, la priorité visuelle étant donnée à celui qui a le plus d'importance.

Les contraintes d'orientation et d'espace imposent parfois un dessin différent pour les extensions conçues comme liaisons.

Les grandes surfaces gagneront à être couvertes par une rangée de voûtes vitrées.

Autre solution, la hauteur et la largeur de la serre augmentent afin d'abriter une piscine par exemple.

Si le paysage le permet, la serre joue avec bonheur le rôle de liaison entre la maison et le jardin.

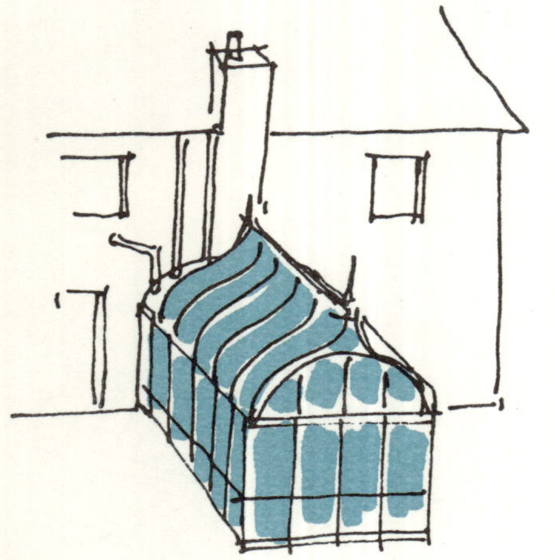

Les gouttières et les cheminées sont intégrées grâce à des raccords ou évitées, au détriment peut-être de l'orientation.

Un dispositif de liaison palliera les différences de niveau.

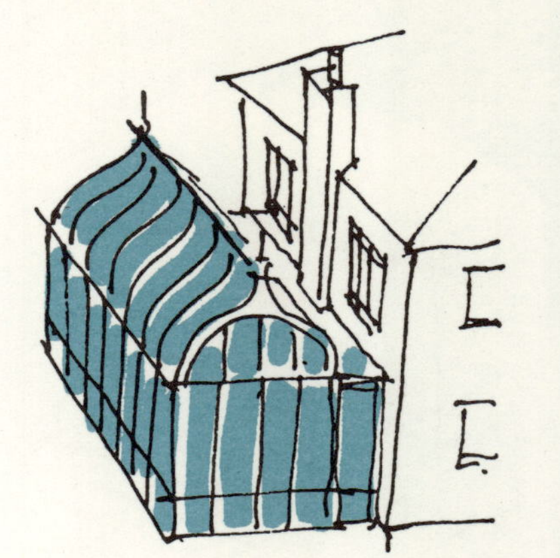

Un cadre de raccordement résoud ici les problèmes posés par la présence de gouttières, de cheminées et de petites fenêtres.

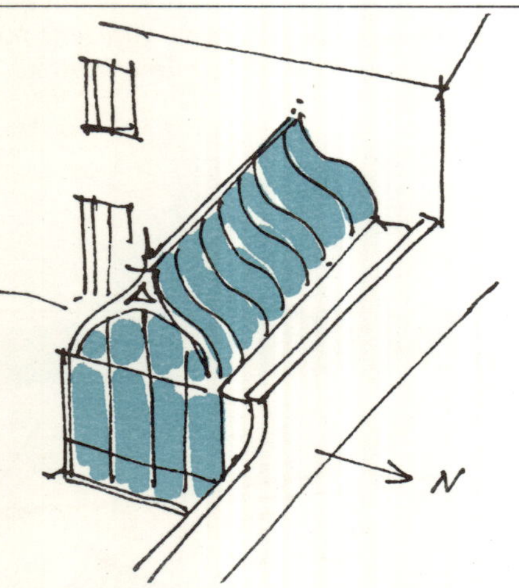

Pour sauvegarder l'intimité, utiliser un mur de jardin. De plus, un mur solide face au nord protège plus que le verre.

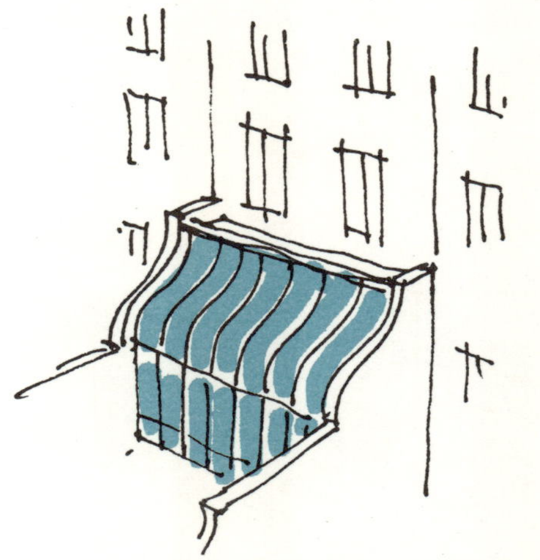

Des murs, élevés de chaque côté de la serre d'une maison mitoyenne, préservent l'intimité.

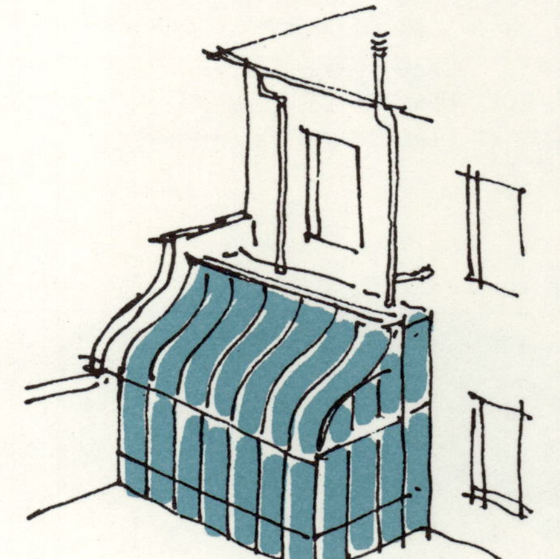

Un raccordement entre la serre adossée et le mur permet le passage de la gouttière sans toucher à la courbure du vitrage.

Une simple serre adossée s'appuie sur une façade ininterrompue.

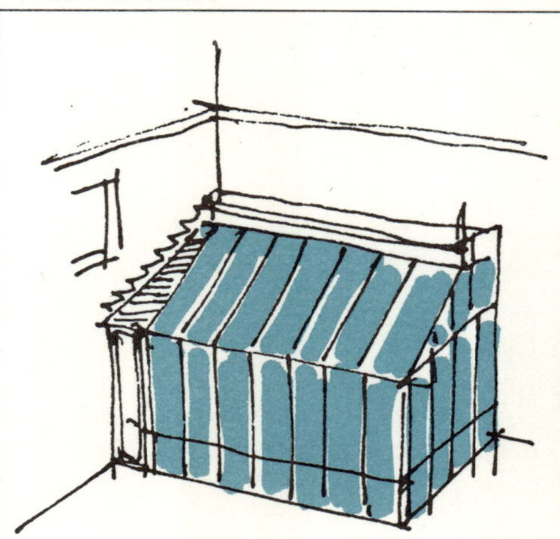

En encoignure, lorsque les angles ne sont pas droits, on redresse la situation avec du matériau de remplissage.

Il se révèle parfois adéquat de construire une longue véranda afin de relier différentes pièces.

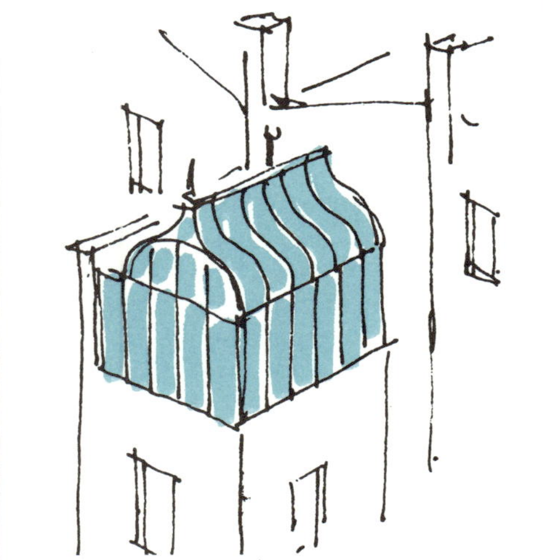

En ville, l'adjonction d'une serre peut être le moyen le plus pratique de s'offrir un étage supplémentaire.

Les serres, par nature, ne ferment pas l'horizon. Il faut donc les orienter de façon à profiter de tout panorama particulièrement attrayant.

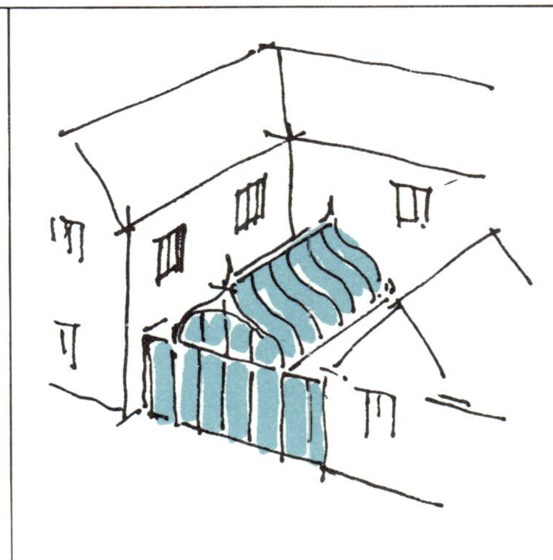

Le moindre recoin peut s'agrémenter d'une serre. Dans le cas présent, elle forme un volume habitable central relié à plusieurs autres pièces.

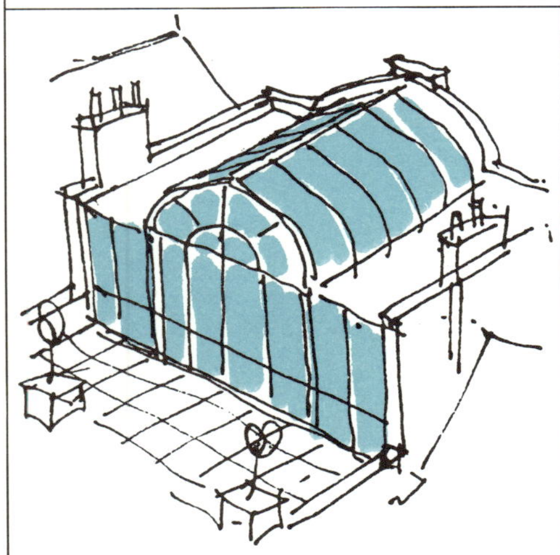

Sur le toit, la serre tire parti de surfaces par ailleurs inutilisables et offre, de plus, des vues imprenables.

Une verrière peut parfaitement s'intégrer au bâtiment principal et faire corps avec lui.

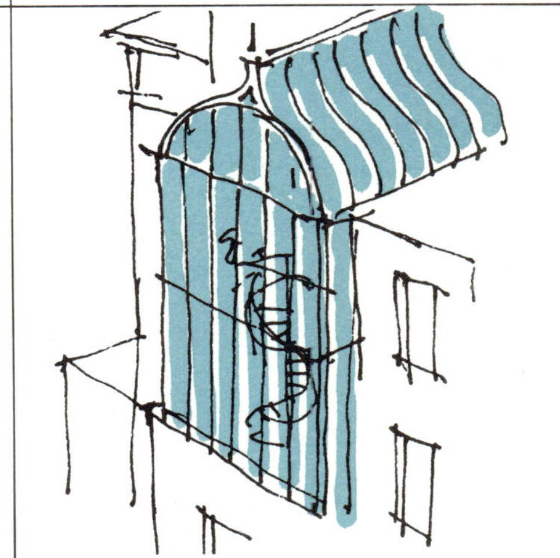

La serre reliant deux niveaux est une autre possibilité : effet spectaculaire garanti !

La serre attenante à un appartement sur le toit est souvent plus aisée à réaliser qu'une extension normale.

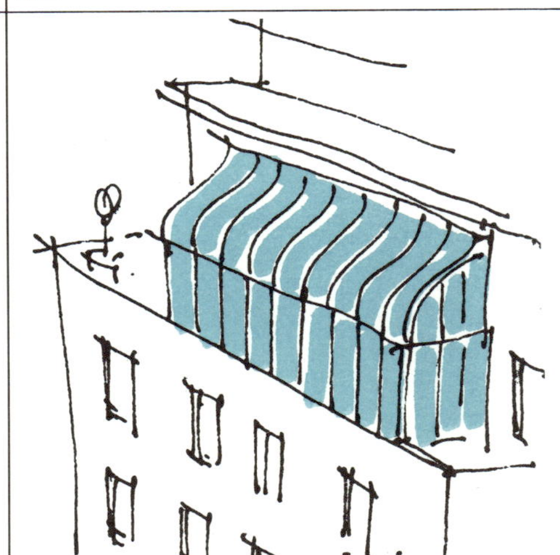

Sur un toit en terrasse, la taille de la serre est dictée par la surface disponible.

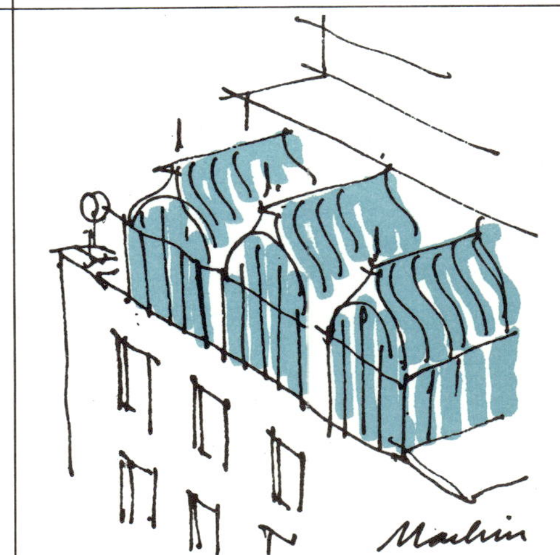

On peut cependant choisir d'autres formes en fonction de l'architecture de l'immeuble et de sa disposition intérieure.

CONSTRUCTION

Les fondations de la serre doivent se trouver au même niveau que celles de la maison. La plupart des normes de construction imposent la présence d'une semelle de protection contre le gel à une profondeur minimum sous la surface de niveau. Les fondations doivent être d'aplomb et soigneusement dimensionnées.

Écoulement des eaux : placer des tuyaux de descente du toit de chaque côté de la serre ou à intervalles intermédiaires réguliers. L'eau d'écoulement du toit est récupérée au niveau du sol par des bouches reliées par des tuyaux au bassin de drainage. Celui-ci ne doit pas être trop proche des fondations.

Murs : les murs de soubassement peuvent être maçonnés. Ils sont particulièrement pratiques dans les serres où il y a des plates-bandes, car l'humidité de la terre ferait pourrir des parois en bois.

Sols : utiliser, pour le revêtement, un matériau résistant à l'humidité (carrelage, brique, pierre). Les nattes et les tapis sont à écarter, sauf si la serre fait office de bureau ou de salle à manger. Prévoir un écoulement dans le sol afin de faciliter l'entretien. Le matériau de support utilisé dépendra de la nature du revêtement. Le béton est ce qu'il y a de mieux en prévision d'un dallage, mais le bois recouvert d'une couche de béton armé fera également l'affaire pour un carrelage.

STRUCTURE

Une serre s'achète en kit ou montée. L'achat en kit est plus économique, en apparence du moins, car il faut tenir compte de l'assemblage qui, entre des mains maladroites, peut se révéler très long ! D'une manière générale, il faut réduire au maximum les travaux à exécuter sur le chantier. Il vaut mieux, notamment, poser le vitrage et faire les peintures à l'avance plutôt que d'être tributaire des conditions météorologiques une fois la serre installée.

L'ossature : le bois et l'aluminium sont les matériaux les plus courants. Le bois dégage une impression de chaleur naturelle et fleure bon la tradition, cependant il a tendance à se déformer et exige plus d'entretien. Les bois tendres comme les bois durs conviennent. Le cèdre, plus tendre que les autres bois, a une teneur en résine élevée qui le rend quasiment imputrescible, mais aussi plus difficile à peindre. Par ailleurs, il existe de nombreux traitements qui allongent la durée de vie du bois en le protégeant contre les moisissures et les insectes. Les bois durs sont parfaits pour les rebords, comme pour le reste d'ailleurs s'ils n'étaient pas si onéreux. Les profilés en aluminium, obtenus par extrusion, sont plus fins, plus légers et plus faciles à assembler. Ces profilés doivent comporter une isolation interne dans leur structure supprimant les ponts thermiques, sources de condensation et de perte de calories.

Quel que soit le matériau choisi, les fixations doivent résister à la corrosion et être invisibles. Celles d'une structure en aluminium seront en acier inoxydable afin d'éviter la détérioration électrolytique. L'étanchéité des serres dépend des dispositifs de raccordement entre les rives du vitrage et la structure. Les profilés en aluminium les plus perfectionnés sont pourvus de drains dans leur structure interne. Plus courants : les joints néoprène. La qualité de l'étanchéité obtenue avec du mastic dépend de l'habileté de celui qui le pose (et des conditions météorologiques). Ces joints risquent en outre de se rompre sous l'effet des mouvements du sol et des variations thermiques.

Le vitrage : le simple vitrage n'est pas un bon isolant. Sous la plupart des climats, la pose de vitrage double ou triple se révèlera rapidement rentable en regard des économies d'énergie réalisées. Un éventuel traitement spécial du double vitrage accroît encore son pouvoir isolant. Le verre teinté permet de maîtriser l'ensoleillement.

Le raccordement : la jonction serre-bâtiment nécessite la pose d'un joint flexible entre les deux. Les raccords en plomb, en cuivre ou en aluminium sont dans ce but couramment utilisés (attention : cuivre et aluminium sont incompatibles). Éviter les mastics et rubans adhésifs qui dépendent par trop de la qualité du support. Prévoir une pente légère dans les toits plats et les cadres de raccord pour l'écoulement, et des joints d'étanchéité adéquats pour le matériau de couverture.

La peinture et la laque : les serres sont traditionnellement laquées blanc, couleur qui réfléchit la lumière. Mais d'autres couleurs s'imposent peu à peu (bois teinté et aluminium anodisé). La peinture doit laisser respirer le bois, car les variations d'hygrométrie favorisent la pénétration de l'humidité. Éviter tous les enduits, vernis et peintures imperméables. Les profilés en aluminium anodisés ou thermolaqués sont pratiquement inaltérables. L'aluminium non traité s'oxyde facilement et corrodera vite dans certaines atmosphères.

Le chauffage : la serre correctement orientée bénéficie la plupart du temps de l'apport énergétique du soleil, cependant un système de chauffage supplémentaire s'imposera certainement, surtout la nuit. Plusieurs solutions se présentent : le raccordement au chauffage de la maison qui permet l'installation de convecteurs électriques (l'installation est aisée mais peu économique) ; la mise en œuvre d'une pompe à chaleur où la serre est chauffée par différents moyens à partir d'une source extérieure ; l'installation d'un chauffage par le sol (par câbles électriques ou circulation d'eau chaude dans des tuyaux). Cette méthode présente l'avantage de dérober à la vue les appareils de chauffage peu esthétiques, mais n'est possible qu'avec un sol en béton ; la pose de radiateurs soufflants, solution particulièrement adaptée aux serres abritant une piscine. En effet, ils mettent l'air en circulation continue à l'intérieur de la serre, assurant un chauffage régulier de tous les endroits, même des angles morts ; enfin, on peut également installer des conduits ou des radiateurs à circulation d'eau chaude sur le pourtour de la serre.

La ventilation : à moins de bénéficier de l'air conditionné, la serre doit disposer d'un dispositif de ventilation croisée et d'un système d'évacuation de l'air chaud par le toit. Par effet de cheminée, l'air frais entre par le bas de la serre. Si la serre sert de salle de séjour, le système de ventilation doit être étanche, car de simples vasistas à ouverture réglable laissent entrer la pluie. L'ouverture de fenêtres dans les parois latérales tiendra compte de l'aération croisée et de la facilité d'accès pour le nettoyage des vitres. Elles seront éventuellement garnies de moustiquaires.

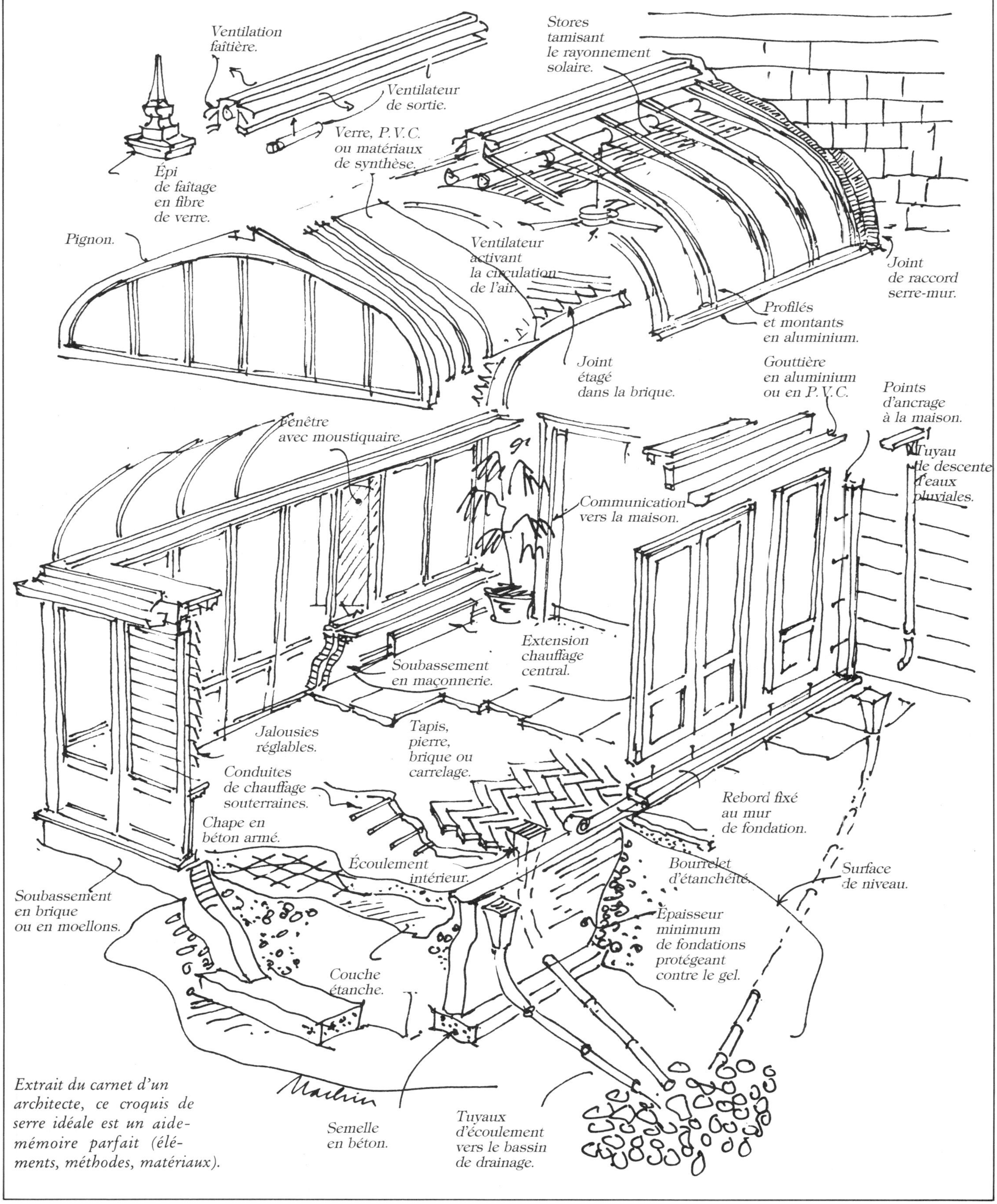

Extrait du carnet d'un architecte, ce croquis de serre idéale est un aide-mémoire parfait (éléments, méthodes, matériaux).

À DROITE : le tableau de Louise Abbema (1877) « Le Déjeuner dans la serre » est reproduit avec l'autorisation du musée des Beaux-Arts de Pau.

RÉPERTOIRE

Vous trouverez dans ce petit répertoire, qui ne prétend en aucun cas être exhaustif, les noms de certains constructeurs, fabricants et artisans qui vous aideront, à réaliser l'espace-lumière de vos rêves. Nous vous donnons aussi quelques adresses pour aménager et décorer votre véranda (meubles, stores, ventilation, sol et plantes). Nous avons dû nous limiter principalement à Paris et sa région. Toutefois, certains des magasins cités font partie de chaînes largement représentées en France.
Enfin nous vous donnons quelques idées-promenades à la découverte des plus belles serres de France et de Belgique.

CONSTRUCTEURS ET FABRICANTS

Ceux-ci ont leur spécialité selon le matériel employé. Quatre matériaux sont proposés, dont chacun a son avantage.

L'ACIER TRAITÉ : LA FORME
Le matériau permet d'obtenir sur mesure des formes élégantes parfois dans l'esprit 1900 toujours très réussies. Par contre, il exige surveillance et entretien : l'acier doit toujours être protégé de l'oxydation.

LE BOIS : LA CHALEUR
Chaleureux et bien en accord avec la nature si proche, il apporte par sa présence un cachet bien particulier. Il doit être soit naturellement imputrescible, soit traité, soit peint ou verni.

LE P.V.C. : L'AVANT-GARDE
Sans entretien, sans souci, il est techniquement bien au point. Certains profilés sont renforcés intérieurement par de l'acier ou de l'aluminium, les rendant plus rigides.

L'ALUMINIUM : LE PRATIQUE
Léger et rigide à la fois, il permet les longues portées. Il reste discret, très peu présent sur les façades. Les techniques actuelles de protection lui donnent des couleurs. Les profilés d'aluminium sont anodisés dans des teintes métalliques (alu, bronze, or, ou brun) ou thermolaqués en couleurs vives.

Vérandas à l'ancienne sur mesure

EN ACIER TRAITÉ

C.V.R.
32, route de Niort
85200 FONTENAY-LE-COMTE
Tél. : 51.69.21.97

L'ORANGERIE
49, rue Jacques-Lemercier
75017 PARIS
Tél. : 42.63.07.27

S.M.F.
75, rue du Nouveau-Bercy
94200 CHARENTON
Tél. : 48.93.90.25

Société ALUVERRE
30, rue du Général-Leclerc
91490 ONCY-SUR-ÉCOLE
Tél. : 64.98.98.16

EN BOIS

Pin scandinave imprégné sous pression
DIF'FIMEX
B.P. 110
3, rue du Pommier
94190 VILLENEUVE-SAINT-GEORGES
Tél. : 43.82.07.60

Cèdre
LE JARDIN DE JULES ET JULIE
49, rue Jacques-Lemercier
75017 PARIS
Tél. : 42.63.07.27

Sapin rouge
PHILIPPE D'ASSONVILLE
Hameau de Silleron par
FONTAINE-LE-DUN
76740 ANGIENS
Tél. à Paris : 42.59.44.94

Vérandas modernes sur mesure

EN P.V.C.
EITI
2, rue Louis-Pergaud
94700 MAISONS-ALFORT
Tél. : 43.75.67.34

EN BOIS
HARNOIS
Parc de Villeroy
B.P. 18
91540 MENNECY
Tél. : 64.99.67.90

VERANCO
Europark Noord 13-14 B
2700 SINT NIKLAAS
(BELGIQUE)
Tél. : 19.32.37.77.61.93

EN ALUMINIUM THERMOLAQUÉ OU ANODISÉ
CLIMAX
55, rue Jouffroy
75017 PARIS
Tél. : 42.27.06.26

EXTEMBAT
avenue du Château
59342 CAMBRAI
Tél. : 16.27.73.30.00

PECHINEY BÂTIMENT
6 *bis*, boulevard du Général-Leclerc
92115 CLICHY
Tél. : 47.37.58.58

REYNOLDS ALUMINIUM
B.P. 9
ZIC de LILLE
59320 HAUBOURDIN
Tél. : 16.20.92.40.35

SCHUCO
R.N. 191 *bis*
Zone Industrielle
78610 LE PERRAY-EN-YVELINES
Tél. : 34.83.92.15

TECHNAL
270, rue Léon-Joulin
31037 TOULOUSE Cedex
Tél. : 16.61.41.11.45

VÉRANDALYS
44, route de Deulemon
WARNETON
59560 COMMINES
Tél. : 16.21.71.32.87

ORGANISMES

Voici quelques-uns des organismes à consulter pour construire votre véranda dans la sécurité et la légalité.

CENTRE D'ASSISTANCE TECHNIQUE ET DE DOCUMENTATION
9, rue La Pérouse
75784 PARIS Cedex 16
Tél. : 47.20.10.20

CENTRE SCIENTIFIQUE ET TECHNIQUE DU BÂTIMENT
4, avenue du Recteur-Poincaré
75782 PARIS Cedex 16
Tél. : 45.24.43.02

CENTRE TECHNIQUE DU BOIS
10, avenue de Saint-Mandé
75012 PARIS
Tél. : 43.44.06.20

SYNDICAT NATIONAL DES CONSTRUCTEURS DE FENÊTRES, FAÇADES ET ACTIVITÉS ASSOCIÉES (SNFA)
9, rue La Pérouse
75016 PARIS
Tél. : 47.20.10.20
Un document, édité en 1983, récapitule les exigences à respecter dans la construction des vérandas habitables.

SYNDICAT NATIONAL DES EXTRUDEURS DE PROFILÉS PLASTIQUES (SNERP)
65, rue de Prony
75854 PARIS Cedex 17
Tél. : 47.63.12.59

MEUBLES

Transition entre maison et jardin, la véranda sera meublée dans le style « jardin d'hiver » ; tous les matériaux naturels y trouveront particulièrement leur place.

En rotin ancien

LE COMPTOIR ANGLAIS
19, rue Guénégaud
Tél. : 46.33.69.81
et 79, rue Claude-Bernard
PARIS
Tél. : 43.37.47.19
Vend les célèbres Lloyd-Loom, meubles en fibre de bois tressés et peints remontant aux années 1870, qu'elle réédite aussi en moelle de rotin teintée (canapé, fauteuils et guéridon en 10 coloris).

DU CÔTÉ DE CHEZ VIANE
11, rue de Luynes
75007 PARIS
Tél. : 45.48.57.26
Des meubles raffinés de la fin du XIXe et du début de ce siècle, parmi lesquels on peut parfois trouver un rarissime salon 1930.

AU FOND DE LA COUR
49, rue de Seine
75006 PARIS
Tél. : 43.25.81.89
Meubles anciens 1900 bien sélectionnés ainsi que des sellettes, barbotines, lampes.

JARDINS IMAGINAIRES
9 *bis*, rue d'Assas
75006 PARIS
Tél. : 42.22.90.03
Vaste choix original, de 1880 à 1900, de meubles et très beaux accessoires tels que tableaux, potiches, statues et autres objets décoratifs.

En rotin

réédition ou création
BABOGO
29, rue Cambronne
75015 PARIS
Tél. : 47.83.71.44
Diffuse les grands classiques « Chambon » : le fameux crapaud en rotin et rilsan tissé bicolore ou uni, mais aussi chaises longues, fauteuils guéridons en rotin, vernis ou laqués.

LA BOUTIQUE DANOISE
42, avenue de Friedland
75008 PARIS
Tél. : 42.27.02.92
Modèles originaux et de très bonne qualité.

LE JARDIN SAINT-PAUL
24, quai des Célestins
75004 PARIS
Tél. : 42.78.08.89
Rééditions de chez « Drucker » à tressage plastique Belle Époque et Art Déco ainsi que des créations et reproduction de meubles en fer forgé ou en bronze.

UN JARDIN EN PLUS
PARIS
61, rue Pierre-Charron
Tél. : 42.56.01.65
et 224, boulevard Saint-Germain
Tél. : 42.22.14.35
ainsi que les magasins franchisés en province.
Nostalgie du style Napoléon III retrouvé. Sophistication pour certains modèles, qui sont tressés en osier pastel bicolore.

KOTEL DIFFUSION
Rue des prés
59250 HALLUIN
Tél. : 16.20.23.90.58
Spécialiste du rotin et de la canne des Philippines, dans un style anglo-saxon très « charme ».

GENEVIÈVE LETHU
95, rue de Rennes
75006 PARIS
Tél. : 45.44.40.35
En teintes douces, toute une ligne de fauteuils, tables, guéridons, chevets, console en moelle de rotin tissée.

LE MONDE SAUVAGE
20, rue Pierre-Lescot
75001 PARIS
Tél. : 42.61.85.06
Meubles en provenance des Philippines, de Thaïlande et de Chine aux formes élégantes adaptées à l'Occident. Meubles en bambou plus exotiques.

JACQUES PERGAY
206, boulevard Saint-Germain
75007 PARIS
Tél. : 45.44.17.55
et Forum des Halles, niveau 2
Tél. : 42.97.48.47
Meubles en rotin importés des Philippines.

PIER IMPORT
PARIS
12, boulevard de la Madeleine
Tél : 47.42.07.13
et 124, rue de Rivoli
Tél. : 42.33.97.80
ainsi que les magasins franchisés en province.
Nombreux modèles de salon en rotin provenant de Thaïlande ou des Philippines à des prix très intéressants.

VIA DIFFUSION
10, place Sainte-Opportune
75001 PARIS
Tél. : 42.33.14.33
Rééditions de chez « Drucker ».

VICTORIA ANTIQUITÉS
PARIS
29, rue Poussin
Tél. : 46.47.47.15
et 79, rue de Vaugirard
PARIS
Tél. : 45.44.18.35
Réédite la chaise Lloyd Loom dans les matériaux de l'époque (ficelle et bois) en onze coloris à la demande.

Signalons enfin les grands magasins (Aux Galeries Lafayette, Au Printemps, Aux Trois Quartiers) où l'on trouve un grand choix de meubles en rotin et les entreprises de vente par correspondance comme la Redoute.

En fer

PARIS
ATELIER DE LA MAISON
21, rue de Longchamp
75016 PARIS
Tél. : 47.04.33.40
Création de quelques modèles indémodables.

BESSON
18, rue du Vieux-Colombier
75006 PARIS
Tél. : 45.48.87.62
Diffuse les créations de VINCENT MIT L'ÂNE.

LE CÈDRE ROUGE
22, avenue Victoria
75001 PARIS
Tél. : 42.33.71.05
Très belle sélection de meubles en acier poli. Réédition de chaises square. Magnifique facture de meubles en teck et tables aux plateaux en lave de volcan émaillés.

CHAUMETTE
45, avenue Duquesne
75007 PARIS
Tél. : 42.73.18.54
Un seul modèle : un bon classique charmant peint en trois couleurs sur demande.

EN PROVINCE
HERVÉ BAUME
17, rue de la Petite-Fusterie
84000 AVIGNON
Tél. : 16.90.86.37.66
Luxe discret pour tous ces meubles aux lignes superbes. En fer, pliables ou non, ils peuvent être polis ou peints en vert, blanc ou noir.

LA BOUTIQUE DES JARDINS
Route d'Avignon
13210 SAINT-RÉMY-DE-PROVENCE
Tél. : 16.90.92.01.57
Antiquités choisies et insolites. Réédition de fauteuils et chaises pliables aux lignes pures.

VINCENT MIT L'ÂNE
Route d'Apt
84800 L'ISLE-SUR-LA-SORGUE
Tél. : 16.90.38.07.37
Création d'un salon exclusif : sobre, pur. Belles antiquités.

En fonte

GALERIE ALUMINE
13, rue Bonaparte
75006 PARIS
Tél. : 43.54.19.25
Rééditions d'inspiration fin XIXe siècle laquées dans tous les coloris.

GRÉGOR
7, boulevard Edgar-Quinet
75014 PARIS
Tél. : 43.20.09.95
Bonne sélection. Prix raisonnables.

LA MAISON DU WEEK-END
26, rue Vavin
75006 PARIS
Tél. : 43.54.15.52
Créations d'inspiration XIXe siècle. Thermolaquées dans tous les coloris.

En bois

DOMUS
18, rue du Maréchal-Foch
78110 LE VÉSINET
Tél. : 39.76.38.03
Choix très sélectif dans ce magasin où l'on vous conseillera très bien.

DU CÔTÉ DES JARDINS
14, rue des Jardins Saint-Paul
75004 PARIS
Tél. : 48.87.21.41
Spécialisé dans l'aménagement de jardins, terrasses et dans divers mobiliers d'intérieur.

VIA DIFFUSION
10, place Sainte-Opportune
75001 PARIS
Tél. : 42.33.14.33
Show-room présentant un choix très varié, où l'on peut commander.

STORES

Le mieux est de prévoir, dès la construction, l'occultation des vitrages. Rares il y a quelques années, les stores existent maintenant en de nombreux aspects et matériaux... l'essentiel est de pouvoir se protéger des ardeurs du soleil.

Vélums sur mesure

ATELIER DE JULIEN
75, rue du Nouveau-Bercy
94220 CHARENTON
Tél. : 48.93.90.25

ATELIER DE LA MAISON
21, rue de Longchamp
75016 PARIS
Tél. : 47.04.33.40

EURODRAP
3, impasse Bon-Secours
75011 PARIS
Tél. : 43.70.97.60
Équipe toutes les formes arrondies : rotondes, bow-windows, voûtes.

Stores à enrouleurs ou à lamelles

STANDARD
BAZAR DE L'HÔTEL DE VILLE
52, rue de Rivoli
75004 PARIS
Tél. : 42.74.90.00

HABITAT
35, avenue de Wagram
75017 PARIS
Tél. : 47.66.45.90

IKEA
Centre commercial d'ÉVRY
C.C. 28.60 Le Clos-aux-Pois
91028 ÉVRY
Tél. : 64.97.65.65
et Paris-Nord ZAC Paris-Nord 2
rue des Buttes. B.P. 50123
95950 ROISSY-CH.-DE-GAULLE
Cedex
Tél. : 48.63.83.00

SUR MESURE
ROUSSEL VISEA
RN 105
Réau 77550 MOISSY CRAMAYEL
Tél : 64.38.63.90
et sur commande, au PRINTEMPS, GALERIES LAFAYETTE, et magasins spécialisés.

Stores en lamelles de bois

LE JARDIN DE JULES ET JULIE
49, rue Jacques-Lemercier
75017 PARIS
Tél. : 42.63.07.27

Stores en bois tissé

BALLAUFF
21, place des Vosges
75003 PARIS
Tél. : 42.77.80.00

Stores en fibres cellulose Celtex

B.I.E.R.
Place du Champs-de-Mars
71700 TOURNUS

Stores réfléchissants à protection solaire et thermique
APIMEX
1, place de la Liberté
92252 LA GARENNE-COLOMBES
Tél. : 47.84.92.65

Stores métallisés
DIFFAM
2, rue Courtois
92320 CHÂTILLON
Tél. : 46.54.25.06

Volets roulants « Rolax »
BUBENDORSS
20, rue Louis-Saillant
69120 VAULX-EN-VELIN
Tél. : 16.78.79.24.62

Claies d'ombrage en P.V.C. pour l'extérieur
LAMS
RN 13
78100 SAINT-GERMAIN-EN-LAYE
Tél. : 34.51.46.78

Stores en aluminium « Soliso » pour l'extérieur
KLIMASTORE
B.P. 1104 rue de Pologne
44082 NANTES Cedex
Tél. : 40.49.32.46

Doublure de rideaux isolants thermiques« Isoreflex »
ACTIS
Le Moulin par
78790 SEPTEUIL
Tél. : 30.93.47.05

VENTILATION

Elle est essentielle dans une véranda, si l'on ne veut pas suffoquer en été sous l'effet de serre. D'une façon générale, les entrées et sorties d'air seront placées en hauteur ou en toiture (lames orientables, ventilateur...). Selon les conceptions, les portes coulissent sur deux ou trois rails, permettant une ouverture de la moitié, des deux tiers ou des trois quarts de la façade.

Ventilateurs à pales
AIR DÉCO
19, boulevard Malesherbes
75008 PARIS
Tél. : 42.65.07.44

LE MONDE SAUVAGE
20, rue Pierre-Lescot
75001 PARIS
Tél. : 42.61.85.06

PIER IMPORT
12, boulevard de la Madeleine
75008 PARIS
Tél. : 47.42.07.13

VORTICE
43, rue de Vincennes
94704 MAISONS-ALFORT
Tél. : 43.76.68.52

Châssis d'aération à lames mobiles
APIMEX
1, place de la Liberté
92252 LA GARENNE-COLOMBES
Tél. : 47.84.92.65

Ouverture automatique de jalousies
LE JARDIN DE JULES ET JULIE
49, rue Jacques-Lemercier
75017 PARIS
Tél. : 42.63.07.27

Aérateur solaire
INDUSTRIEST
Z.I. Les Coutures
B.P. 6
77201 TORCY par MARNE-LA-VALLÉE
Tél. : 60.05.21.13

NETTOYAGE

GARDENA
19, rue de l'Ambassadeur
95610 ÉRAGNY-SUR-OISE
Tél. : 34.64.71.11
Système de nettoyage pour l'entretien des vitres et du toit

SOL

On a le choix entre différents matériaux : bois et terre cuite accumuleront la chaleur du soleil et la restitueront la nuit. Ils peuvent être adoucis par des nattes ou revêtements de coco... sisal... On pensera toujours à la facilité d'entretien.

Parquet
MARTY (distributeur)
156, rue des Pyrénées
75020 PARIS
Tél. : 46.36.32.08

SYNTÉCO
141, rue de Bagnolet
75020 PARIS
Tél. : 43.60.55.55

Tapis de sisal, coco, herbe tressée
DAVID HICKS
12, rue de Tournon, 75006 PARIS
Tél. : 43.26.00.67

TOULEMONDE BOCHART PARIS
35, rue de l'Annonciation
Tél. : 45.27.08.85
et 29, boulevard Raspail
Tél. : 45.48.05.71

Carrelages
EN GRÈS
ÉMAUX DE BRIARE
7, rue du Bac
75007 PARIS
Tél. : 42.61.16.41

GRÈS DE SAINTONGE
BUSSAC-LA-FORÊT
17210 MONTLIEU-LA-GARDE
Tél. : 46.04.38.08

LES GRÈS DU MAINE
243, rue de la Croix-Nivert
75015 PARIS
Tél. : 48.28.95.19

VILLEROY ET BOCH
82, rue d'Hauteville
75010 PARIS
Tél. : 47.70.27.69

EN TERRE CUITE
ATELIER DES HURETS
89330 SAINT-MARTIN-D'ORDRON
Tél. : 16.86.86.37.34

CARRÉ
21, quai de Valmy
75010 PARIS
Tél. : 46.07.03.26

CARRELAGE DU MARAIS
46, rue Vieille-du-Temple
75004 PARIS
Tél. : 42.78.17.43

COREMA
35, quai du Pré-Long
77400 LAGNY-SUR-MARNE
Tél. : 64.30.02.36

PLANTES

BISSON
41, rue Dauphine,
75006 PARIS
Tél. : 46.33.84.08
Une mine pour les collectionneurs de bonsaïs, d'orchidées, de cactées ou de bambous et un très bon choix de plantes exotiques.

LE CÈDRE ROUGE
22, avenue Victoria
75001 PARIS
Tél. : 42.33.71.05
Un choix considérable de poteries, cache-pot, sellettes et accessoires utiles pour la serre. Plantes sur commande.

DESPALLES
76, boulevard Saint-Germain
75006 PARIS
Tél. : 43.54.28.98
Des bulbes, des poteries provençales et italiennes, quelques meubles aussi, présentés dans un cadre charmant.

E.V.E.
3, quai de Grenelle, 75015 PARIS
Tél. : 45.78.72.06
Plantes exotiques et rares, grands arbres d'intérieur.

PRIMEFLEURS
80, avenue de Villiers
75017 PARIS
Tél. : 42.27.13.06.
Grandes plantes, belles orchidées à des prix vraiment intéressants.

LES JARDINS DE CHRISTINE
(Christine THOMAS)
2, rue des Fossés-Saint-Marcel
75005 PARIS
Tél. : 47.07.55.46
Plantes exotiques aux formes étonnantes et cache-pot en vannerie et terre cuite.

TRUFFAUT
24, route de Saint-Germain
78150 LE CHESNAY
Tél. : 39.54.88.00
Un grand choix de plantes d'intérieur à des prix compétitifs.

TROPIQUES
17, rue Lecourbe
75017 PARIS
Tél. : 45.67.60.90
Spécialiste de la végétation tropicale ; du yucca au pandanus en passant par le bananier.

SERRES À VISITER

Bordeaux
Jardin botanique.
Boulogne-Billancourt :
Jardin Albert Kahn.
Cherbourg
Jardin de Tourlaville.
Clermont-Ferrand :
Jardin Lecoq.
Générargues, près d'Anduze
Bambouseraie de Prafrance.
Grenoble
Jardin des plantes.
Lille
Jardin des plantes.
Lyon
Parc de la Tête d'or.
Marseille
Parc Borely.
Montpellier
Jardin des plantes.
Nancy
Jardin botanique.
Nantes
Jardin botanique.
Paris
Forum des Halles,
Fleuriste municipal (Porte d'Auteuil),
Jardin des plantes (Muséum d'Histoire Naturelle).
Rouen
Jardin botanique.
Sanary-Bandol
Jardin exotique.
Sainte-Geneviève-des-Bois
Serre municipale.
Tarbes
Serre municipale.
Toulouse
Serre municipale.

Documentation réunie par Marine Broussaud et Michèle Lamontagne.

REMERCIEMENTS

Nous tenons à remercier vivement les photographes et tous ceux qui nous ont autorisés à reproduire leurs œuvres et leurs illustrations dans ce livre (voir crédit ci-dessous). Sans oublier ceux qui ont mis leurs serres à la disposition des photographes et les personnes nous ayant fourni une aide technique précieuse et des conseils judicieux :

Alexander Bartholomew ; Pamela Bullmore ; Ann Cahn ; Gilles de Chabaneix ; Noel Channon, Sally Chappel (photo au Victoria and Albert Museum) ; Andrew Cliff, Clifton Nurseries ; Eric Crichton (photo à la Royal Horticultural Society) ; Dr Brent Elliot (Royal Horticultural Society) ; Sarah Elliot (Victorian Society) ; Tina Ellis ; Michael Goulding ; Joanne Greif ; Shirley Hind (Architectural Press) ; Anthony Huxley ; Ironbridge Museum Trust ; Michael Jacobs ; Alex Kroll ; Lucy Kroll ; Don Lavin, architecte AIA ; Gilly Love ; Candida Lycett-Green ; Lothian Lynas ; Bruno Manuel ; Josephine Marston ; Lee Mindel ; Joceline Morrison ; Teresa Nicholas ; Nancy Novogrod ; Christopher Owen ; Andrew Petit ; Simon Rose ; Daniel Rozensztroch ; Alison Rutherford ; John Scott ; Helen Senior ; Lady Francis Seymour ; Richard Simpson ; Suzanne Slesin ; James Sutherland ; Susanne Tetsell ; Megan Tresidder ; Clive Wainwright (Victoria and Albert Museum) ; Shirley Wohl.

Nous sommes particulièrement reconnaissants à Mia Stewart-Wilson, notre assistante de recherche, Francis Machin, notre consultant technique et à Ian Hammond, notre maquettiste, pour leur active collaboration.

L'éditeur français tient à remercier particulièrement Michèle Lamontagne et Alain Richert pour leur précieuse collaboration à la mise au point du texte français.

CRÉDIT PHOTOGRAPHIQUE

Gert von Bassewitz, 102-103 ; Cecil Beaton/Sotheby's, Londres, 120, 121, 134 ; Jürgen Becker, 44-45 ; Antoine Bootz, 49, 74, 75, 76 en haut et au centre, 93 en bas à droite ; Marina Botta, architecte, 114 en haut ; Clive Boursnell, iv ; Wulf Brackrock, 46, 47, 55, 126 en haut à droite ; Linda Burgess, 30 en bas, 31 en bas, 137, 146 en bas ; Camera Press, 126 en haut à gauche/Bassewitz, 43, 101 en bas à droite/Becker, 38, 108/Kurtz, 53 en bas/Rej, 84 en bas, 86, 131 en bas à gauche/Schenkirz, 42 en bas/Schmutz, 78/Willig, 28 en haut, 106 en bas/Zeitz, 22, 70 en bas, 88 en bas, 101 en haut à gauche et à droite ; Gilles de Chabaneix, 50, 77, 89 au centre, 107 en bas, 110 en haut à droite, 114 en bas ; Julian Charrington, 83, 101 en bas à droite ; Stafford Cliff, 92 en bas, 115 ; Eric Crichton, 145 ; Devonshire Collections, Chatsworth, 10 à droite ; Richard Dudley-Smith/Sunday Express Magazine, 62, 63 ; Elizabeth Whiting Associates, 130 en haut/Gary Chowitz, 131 en haut à gauche et en bas au centre/Clive Helm, 122 en haut et au centre/Michael Nicholson, 54 au centre/Julian Nieman, 90 en haut/Tim Street-Porter, 51, 128 ; ESTO Photographics, Inc./Peter Aaron, 104/Ezra Stoller, 53 en haut et au centre ; John Glover, 26 en bas, 131 au centre à droite et en bas à droite ; Nancy-Mary Goodall, 27 en haut, 29 au centre, 33 ; Pamela Harper, 95 en bas ; Harry Smith Photographic Collection, 94 au centre, 146 en haut ; Julia Hedgecoe, 20, 29 en haut, 67 ; Elizabeth Heyert, 91 ; Michael Holford, 27 au centre ; Hunt Thompson Associates, architectes, 56 en haut ; Pierre Hussenot, 30 en haut, 31 en haut, 36, 37, 52, 54 en haut, 68 en haut, 82 en bas, 111 en haut, 126 en bas, 127, 128 en haut ; Impact Photos/Pamela Toler, 10 au centre, 28 en bas, 132 en bas ; The World of Interiors/James Mortimer, 59, 130 en bas/Christopher Simon Sykes, 66 en bas, 140 ; Ken Kirkwood, ii, 13 en haut, 24, 25, 30 au centre, 32 en haut, 34, 35, 58, 95 en haut, 98, 118, 133, 148 grâce à l'aimable autorisation de M. Barton, Thornbury Hall Herb Garden ; Jean-Michel Kolko, 68 en bas ; Michèle Lamontagne, 11 à droite ; Laura Ashley Ltd, 129 en haut ; Machin/Machin Designs Ltd., 26 en haut, 54 en haut, 61, 82 en haut, 87, 150, 158 ; Maison de Marie-Claire/Bailhache/Belmont, 89 en haut/Bouchet/Hourdin, 65 en bas/Chabaneix, 131 au centre, 132 en haut/Goudaut, 131 en haut à droite/Hussenot/Hourdin, 111 en bas/Korniloff/Bayle, 128 en bas/Pratt/Preis, 56 en bas, 57, 92 en haut/Rozes/Hirsch, 42 en haut ; Norman McGrath ©, 65 en haut, 84 en haut et au centre, 105 en haut, 110 en haut à gauche et en bas ; Duncan McNeill, 32 en bas ; Tania Midgley, 28 au centre, 147 ; David Montgomery de Real Life Guide to Kitchens © Conde Nast Publications Ltd., 64 ; Muséum d'histoire naturelle ©, 10 à droite ; National Portrait Gallery, Londres/Maull & Polyblank, 8 à gauche ; Bo Parker, avec l'aimable autorisation de Shelton, Mindel Associates, 72 ; Cressida Pemberton-Pigott, 13 en bas, 26 au centre, 29 en bas, 146 au centre ; Robert Perron, 48, 79, 88 en haut ; Edward Piper, 85 ; Antoine Raffoul, 70 en haut ; Patrick Roberts, 94 en bas ; Laura Salvatti, 96, 97 ; Richard Schenkirz, 76 en bas, 107 en haut, 112, 113 ; Fritz von der Schulenburg, 41, 60 ; Mia Stewart-Wilson, 10 à gauche, 11 à gauche, 12, 13 au centre, 27 en bas, 89 en bas, 90 en bas, 92 au centre, 93 sauf en bas à droite, 114 au centre, 125, 131 en haut au centre et au milieu à gauche ; E. Stoecklein, avec l'aimable autorisation de Robert A.M. Stern Architects, 66 en haut, 80, 81 ; Christopher Simon Sykes, 124 ; Per Tarneberg, 105 en bas ; John Vaughan, 69 ; Victoria and Albert Museum, Londres, Cundall & Downs 4/B.J. Turner, 11 au centre ; Colin Westwood, avec l'aimable autorisation de Benthall Potter Associates, 71 ; Andy Williams, vi.

CRÉDIT ILLUSTRATIONS

Bodleian Library, E.W. Godwin, Artistic Conservatories, Shelfmark 19186 c.l., planches 3, 8, 9, 10, 14 et 15, 14 et 16 ; Ironbridge George Museum Trust, 16 ; Bibliothèque universitaire de Leiden, Collectie Bodel Nijenhuis, 1 ; National Portrait Gallery, Londres, 8 en bas, 9 à gauche ; Pau, musée des Beaux-Arts, 160 ; Trustees of the Royal Botanic Gardens, Kew, avec l'autorisation de C. Dobsen, S.A., C.B.E., 9 à droite ; Royal Horticultural Society, Lindley Library, 7 en bas, 8 au centre, 18, 19 ; Sotheby's, Londres, 5 ; Victoria and Albert Museum, Londres/Paul Furst, 3 en haut/R. Hocghe, 3 en bas/Loudon, 7 en haut.

INDEX